教材项目规划小组

严美华　　姜明宝　　王立峰
田小刚　　崔邦焱　　俞晓敏
赵国成　　宋永波　　郭　鹏

教材编写委员会

主　任：陶黎铭
副主任：陈光磊　　吴叔平
成　员：陈光磊　　高顺全　　陶黎铭
　　　　吴金利　　吴叔平　　吴中伟

顾　问　Richard King
　　　　Helen Xiaoyan Wu
　　　　Robert S. Chen

中国国家对外汉语教学领导小组办公室规划教材

Project of NOTCFL of the People's Republic of China

Dāngdài Zhōngwén

当 代 中 文

Contemporary Chinese

Kèběn

课 本

1

TEXTBOOK

Volume One

主　　编：吴中伟

编　　者：吴中伟　吴叔平

　　　　　高顺全　吴金利

翻　　译：徐　蔚

　　　　　Yvonne L. Walls　Jan W. Walls

译文审订：Jerry Schmidt

华语教学出版社
SINOLINGUA

First Edition 2003
Seventh Printing 2010

ISBN 978-7-80052-880-4
Copyright 2003 by Sinolingua
Published by Sinolingua
24 Baiwanzhuang Road, Beijing 100037, China
Tel: (86) 10-68320585
Fax: (86) 10-68326333
http:// www.sinolingua.com.cn
E-mail: hyjx@sinolingua.com.cn
Printed by Beijing Foreign Languages Printing House
Distributed by China International
Book Trading Corporation
35 Chegongzhuang Xilu, P.O. Box 399
Beijing 100044, China

Printed in the People's Republic of China

To Learners

Welcome to *Contemporary Chinese*!

Contemporary Chinese is a textbook designed for students whose native language is English. The ultimate goal of this book is to develop the student's ability to comprehend and communicate in the Chinese language. Specifically, it provides training in the skills of listening, speaking, reading, and writing Chinese.

The whole series consists of **four volumes**. You may work through the whole series or use only the volumes of your choice.

The following are to be used together with the Textbook:

◆ **Exercise Book**

◆ **Character Book (only for Volumes One and Two)**

◆ **Audio and video materials**

◆ **Teacher's Book**

This textbook:

★ is concise, practical, authentic, and topical,

★ is adaptable to the varied needs of different students,

★ gives equal attention to listening, speaking, reading, and writing,

★ guides your learning step by step.

After working through **Volume One**, you should have a good command of **325 Chinese words and expressions, 244 Chinese characters, 22 grammar items and 23 communicative function items,** and thus have a basic command of Chinese.

Learning Chinese is not so hard.

Let's start!

Courtesy　Speech

你好!　Nǐ hǎo!　Hello!　你好!

你好!　Nǐ hǎo!　Hello!　你好!

谢谢!　Xièxie!　Thank you!　謝謝!

不客气。　Bú kèqi。　You are welcome.　不客氣!

对不起!　Duìbuqǐ!　I'm sorry.　對不起!

没关系。　Méi guānxi。　That's all right.　沒關係。

再见!　Zàijiàn!　Goodbye!　再見!

再见!　Zàijiàn!　Goodbye!　再見!

Mùlù
目 录
Contents

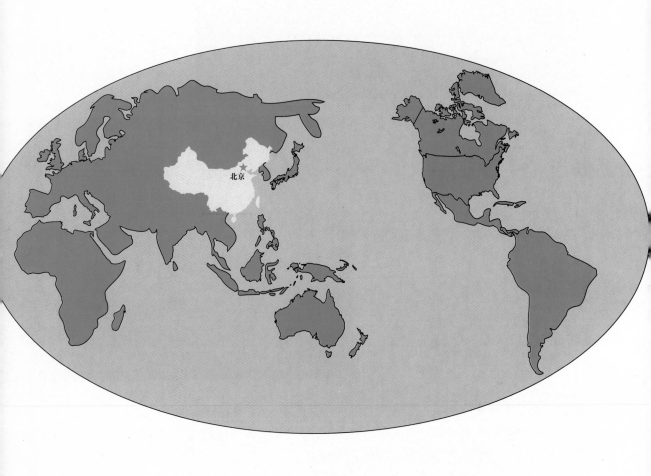
北京

Rùmén

0. 入　门

Preparation

0.1

语音概要　Yǔyīn Gàiyào　**Introduction to Phonetics**

音节结构　Yīnjié Jiégòu　**Structure of Syllables**

In Chinese, a syllable is composed of an initial (Shēngmǔ), a final (Yùnmǔ) and a tone (Shēngdiào).

Shēngdiào tone	
Shēngmǔ initial	Yùnmǔ final

e.g.　mā

Here m is the initial (Shēngmǔ) and a is the final (Yùnmǔ), and above the final is the tone-mark.

A syllable may consist of a final and a tone only.

e.g.　à

声母 Shēngmǔ **Initials**

b p m f d t n l

g k h j q x

zh ch sh r z c s

韵母 Yùnmǔ **Finals**

	i	u	ü
a	ia	ua	
o		uo	
e	ie		üe
-i			
er			
ai		uai	
ei		uei (ui)	
ao	iao		
ou	iou (iu)		
an	ian	uan	üan
en	in	uen (un)	ün
ang	iang	uang	
eng	ing	ueng	
ong	iong		

声调　Shēngdiào　Tones

第一声	dì-yī shēng	the first tone	–	55
第二声	dì-èr shēng	the second tone	╱	35
第三声	dì-sān shēng	the third tone	∨	214
第四声	dì-sì shēng	the fourth tone	╲	51

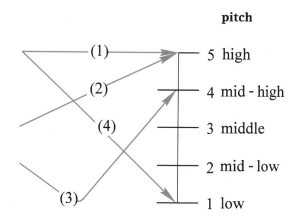

Cultural Notes

Hànyǔ Pīnyīn (The Chinese Phonetic System) is used as the romanization system in this set of textbooks. Since the beginning of the 20th century, people who work with the Chinese language have designed several systems of phonetic symbols to deal with the fact that Chinese characters do not fully represent their pronunciation. The more important systems are the "Zhuyin Phonetic Alphabet (zhùyīn zìmǔ)", the "Guoyu Romanization System (guóyǔ luómǎzì)" and the "New Latinized Writing (Lādīnghuà xīnwénzì),"etc. The "Chinese Phonetic System (Hànyǔ Pīnyīn fāng'àn)", abbreviated "pīnyīn", was first published in 1958. This system has already been adopted by the United Nations and many other international organizations for spelling the Chinese language, and writing personal and place names. It has replaced many of other systems and is widely used both inside and outside of China.

ZPA	CPA	IPA	ZPA	CPA	IPA	ZPA	CPA	IPA
ㄅ	b	[p]	帀	–i(前)	[ɿ]	ㄧㄣ	in	[in]
ㄆ	p	[p']	帀	–i(后)	[ʅ]	ㄧㄤ	iang	[iɑŋ]
ㄇ	m	[m]	ㄧ	i	[i]	ㄧㄥ	ing	[iŋ]
ㄈ	f	[f]	ㄨ	u	[u]	ㄨㄚ	ua	[uA]
万	v	[v]	ㄩ	ü	[y]	ㄨㄛ	uo	[uo]
ㄉ	d	[t]	ㄚ	a	[A]	ㄨㄞ	uai	[uai]
ㄊ	t	[t']	ㄛ	o	[o]	ㄨㄟ	uei	[uei]
ㄋ	n	[n]	ㄜ	e	[ɤ]	ㄨㄢ	uan	[uan]
ㄌ	l	[l]	ㄝ	ê	[ɛ]	ㄨㄣ	uen	[uən]
ㄍ	g	[k]	ㄦ	er	[ɚ]	ㄨㄤ	uang	[uɑŋ]
ㄎ	k	[k']	ㄞ	ai	[ai]	ㄨㄥ	ueng	[uəŋ]
兀	ng	[ŋ]	ㄟ	ei	[ei]	ㄨㄥ	ong	[uŋ]
ㄏ	h	[x]	ㄠ	ao	[ɑu]	ㄩㄝ	üe	[yɛ]
ㄐ	j	[tɕ]	ㄡ	ou	[ou]	ㄩㄢ	üan	[yɛn]
ㄑ	q	[tɕ']	ㄢ	an	[an]	ㄩㄣ	ün	[yn]
(广)		[ȵ]	ㄣ	en	[ən]	ㄩㄥ	iong	[yŋ]
ㄒ	x	[ɕ]	ㄤ	ang	[ɑŋ]			
ㄓ	zh	[tʂ]	ㄥ	eng	[əŋ]			
ㄔ	ch	[tʂ']	ㄧㄚ	ia	[iA]			
ㄕ	sh	[ʂ]	ㄧㄝ	ie	[iɛ]			
ㄖ	r	[ʐ]	ㄧㄠ	iao	[iɑu]			
ㄗ	z	[ts]	ㄧㄡ	iou	[iou]			
ㄘ	c	[ts']	ㄧㄢ	ian	[iɛn]			
ㄙ	s	[s]						

Ap**tion)**

Initials	uo	uai	uei	uan	uen	uang	ueng	ü	üe	uan	ün
	duo		dui	duan	dun						
	tuo		tui	tuan	tun						
	nuo			nuan				nü	nüe		
	luo			luan	lun			lü	lüe		
a	guo	guai	gui	guan	gun	guang					
a	kuo	kuai	kui	kuan	kun	kuang					
a	huo	huai	hui	huan	hun	huang					
								ju	jue	juan	jun
								qu	que	quan	qun
								xu	xue	xuan	xun
ua	zhuo	zhuai	zhui	zhuan	zhun	zhuang					
ua	chuo	chuai	chui	chuan	chun	chuang					
ua	shuo	shuai	shui	shuan	shun	shuang					
	ruo		rui	ruan	run						
	zuo		zui	zuan	zun						
	cuo		cui	cuan	cun						
	suo		sui	suan	sun						
a	wo	wai	wei	wan	wen	wang	weng	yu	yue	yuan	yun

0.2

会话 Huìhuà **Conversation**

A: Nín hǎo!

you fine

(honorific form)

Hello!

B: Nǐ hǎo!

you   fine

Hello!

A: Nín guìxìng?

you be surnamed

(honorific form)

What's your surname?

B: Wǒ xìng ……, Nǐ ne?

I   be surnamed ···   you *a particle*

My surname is ···   And you?

A: Wǒ xìng ……

I be surnamed

My surname is ···

B: Nǐ jiào shénme míngzi?

you call   what   name

What's your name?

A: Wǒ jiào……

I   call

My name is···

B: Nǐ shì nǎ guó rén?

you be which country person

What's your nationality?

A: Wǒ shì …… rén. Nín ne?

I   be   person you   *particle*

I am …   And you?

B: Wǒ shì Zhōngguó rén.

I   be   China   person

I am Chinese.

语音 Yǔyīn **Phonetics**

声母和韵母 Shēngmǔ hé yùnmǔ **Initials and Finals**

a	o	e	yi(=i)	wu(=u)	yu(=ü)
ba	bo		bi	bu	
pa	po		pi	pu	
ma	mo		mi	mu	
fa	fo			fu	
da		de	di	du	
ta		te	ti	tu	
na		ne	ni	nu	nü
la		le	li	lu	lü

Notes:

1. yi wu yu

When standing for syllables by themselves, the finals i, u, ü are written yi, wu, yu.

2. o e

What distinguishes o and e is that the former is pronounced with the lips rounded and the latter is pronounced with the lips in a neutral position. (see picture)

o

e

3. ü

Chinese ü is like French *u*, e.g. *sur* or German *ü*, e.g. *über*, It can be formed by rounding the lips as for [u:] (as in *too, food*) and then pronouncing [i:] (as in *eat*, *peak*)

i

ü

声调 Shēngdiào **Tones**

ー	第一声	dì-yī shēng	the first tone
✓	第二声	dì-èr shēng	the second tone
∨	第三声	dì-sān shēng	the third tone
＼	第四声	dì-sì shēng	the fourth tone

The tone refers to the pitch variation within a syllable.

Syllables of different tones often have different meanings, e.g.

mā   mother   mǎ   horse

má   hemp   mà   abuse, curse

Classroom Speech

Shàng kè.	Class begins.
Xià kè.	Class is over.
Xiànzài xiūxi yíxia.	Now let's have a rest.
Xiànzài jìxù shàngkè.	Now let's continue.

0.3

会话 Huìhuà **Conversation**

A: Nǐ xuéxí shénme?

you study what

What are you studying?

B: Wǒ xuéxí Hànyǔ.　　　　Nǐ　ne?

I　study Chinese (language)　　you *a particle*

I am studying Chinese. And you?

A: Wǒ yě xuéxí Hànyǔ.

I　too study　Chinese(language).

I am studying Chinese, too.

B：Nǐ zài nǎr xuéxí Hànyǔ?

you in/at where study　Chinese

Where are you studying Chinese?

A: Wǒ zài ⋯⋯　xuéxí Hànyǔ. Nǐ　ne?

I　in/at　⋯⋯　　study　Chinese you *a particle*

I am studying Chinese in ⋯⋯　　And you?

B: Wǒ yě zài ⋯⋯　xuéxí Hànyǔ.

I　too in/at　　　　study　Chinese

I am studying Chinese in ⋯⋯, too.

A: Hànyǔ　nán　bu　nán?

Chinese difficult　not difficult?

Is Chinese difficult?

B: Hànyǔ bú tài nán.　　　　/　Hànyǔ　hěn　nán.

Chinese not too difficult　　　　Chinese very difficult

Chinese is not too difficult.　　Chinese is difficult.

声母和韵母 Shēngmǔ hé yùnmǔ **Initials and Finals**

ai	ei	ao	ou	an	en	ang	eng	ong
gai	gei	gao	gou	gan	gen	gang	geng	gong
kai	kei	kao	kou	kan	ken	kang	keng	kong
hai	hei	hao	hou	han	hen	hang	heng	hong

Notes:

1. Chinese vowels are purer than English vowels. Therefore, the Chinese words ai [ai] (*to love*) and mai [mai] (*to buy*) do not sound exactly like the English words *I* [ai] and *my* [mai]. (Please listen to the tape.)

2. ai, ei, ao, ou

In the compound finals ai, ei, ao and ou, the first vowels [a], [e], [ɑ] and [o] are a bit prolonged and louder while the second vowels [i] and [u] are shorter and less distinct.

3. [n] 和 [ŋ]

The end of the finals an and en is [n] while the end of the finals ang, eng and ong is [ŋ].

4. Syllable-dividing mark '

The mark ' is used before syllables beginning with a, o, e when they might be joined incorrectly to syllables preceding them. Compare:

pí'ǎo (*fur-lined jacket* , two syllables)

piāo (*float* , one syllable).

轻声 Qīngshēng　**Neutral Tone**

Some syllables are pronounced in a low and unstressed tone, known as the neutral tone (qīngshēng), which is shown by the absence of a tone-mark, e.g.

nǐmen	you	(plural form)
tāmen	they, them	
bàba	father	
māma	mother	
tā de	his, her, its	

Classroom Speech

Qǐng dǎkāi shū, fān dào dì sān yè.

Open your books and turn to page 3, please.

Qǐng tīng lùyīn.

Listen to the recording, please.

Qǐng gēn wǒ dú.

Read after me, please.

Qǐng zài shuō yí biàn.

Say it again, please.

The Chinese language has a long history. Oracle bone inscriptions (Chinese characters carved on tortoise shells and ox bones) appeared more than three thousand years ago. These writings were already quite complex. And of course the Chinese language existed long before its writing system evolved.

0.4

A: Qǐng　　　　wèn,

Please (let me) ask

Excuse me,

Zhèr yǒu　xǐshǒujiān　　ma?

Here have wash-hand-room *particle*

Is there a washroom here?

B: Shénme?

What?

A: Zhèr yǒu xǐshǒujiān ma?

Here have wash-hand-room *pasticle*

Is there a washroom here?

B: Yǒu.

Have

Yes, there is.

A: Zài nǎr?

be in/at where

Where is it?

B: Zài nàr.

be in/at there

It's over there.

A: Xièxie.

Thank you.

B: Bú kèqi.

You are welcome.

声母和韵母　Shēngmǔ hé yùnmǔ　**Initials and Finals**

ya	ye	yao	you	yan	yin	yang	ying	yu	yue	yuan	yun	yong
(=ia	=ie	=iao	=iou	=ian	=in	=iang	=ing	=ü	=üe	=üan	=ün	=iong)
jia	jie	jiao	jiu	jian	jin	jiang	jing	ju	jue	juan	jun	jiong
			=jüou					=jü	=jüe	=jüan	=jün	
qia	qie	qiao	qiu	qian	qin	qiang	qing	qu	que	quan	qun	qiong
			=qiou					=qü	=qüe	=qüan	=qün	
xia	xie	xiao	xiu	xian	xin	xiang	xing	xu	xue	xuan	xun	xiong
			=xiou					=xü	=xüe	=xüan	=xün	

Notes:

1.　ya ye yao you yan yin yang ying yu yue yuan yun yong

When standing for syllables by themselves, ia, ie, iao, iou, ian, in, iang, ing, ü, üe, üan, ün, iong are written ya, ye, yao, you, yan, yin, yang, ying, yu, yue, yuan, yun, yong.

2.　iu

When preceded by an initial, iou is written iu, e.g. liu, jiu.

3. the omission of the two dots over ü

When the final ü and other finals beginning with ü are preceded by the initials j, q or x, the two dots over ü are omitted, e.g. qu, jun, xue. Therefore, the sound of the u in du, diu, jiu, etc. is quite different from the u in ju, jue, qun, etc.

4.　ia　ie　üe

ia, ie, üe are produced by gliding quickly from i or ü to a [a] or e [ε]. i and ü are pronounced lightly while a[a] and e[ε] should be pronounced loudly and distinctly.

5. ie, üe, ian, üan

The e and a in the ie, üe, ian, üan are pronounced as [ɛ] , different from the e [ə] in eng or the a[ɑ] in ang.

6. j, q, x

Don't pronounce j [tɕ], q [tɕ'], x [ɕ] the same as [tʃ], [tʃ'], [ʃ]. (see the picture)

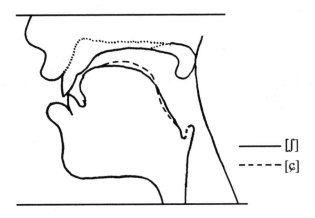

—— [ʃ]
- - - [ɕ]

第三声的变调   3ʳᵈ Tone Sandhi

The 3ʳᵈ tone is seldom used in full unless as an independent tone or when followed by a long pause.

When a 3ʳᵈ tone is followed by another 3ʳᵈ tone, the first one changes into a second tone. For example, nǐ hǎo , hěn xiǎo sound almost the same as ní hǎo, hén xiǎo.

When a 3ʳᵈ tone is followed by any other tones except the 3ʳᵈ tone, it retains the first falling part, but drops almost all the terminal rising part.

Hěn gāo (very tall)   Hěn nán (very difficult)

Hěn hǎo (very good)   Hěn dà (very big)

Please compare:

hěn hǎo   very good

(hěn is pronounced in a rising tone, like the 2nd tone)

hěn gāo   very tall

(hěn is pronounced in a low-falling tone)

Classroom Speech

Zhè shì shénme yìsi?
What does this mean?

… (Hànyǔ) zěnme shuō?
How do you say… in Chinese?

… (Hànzì) zěnme xiě?
How do you write…?

0.5

会话 Huìhuà **Conversation**

A: Zhè   ge   dōngxi   Hànyǔ   zěnme shuō?

this *measure word* thing   Chinese   how   say

What do you call this in Chinese?

B: Píngguǒ.

Apple.

A: Nà   ge   dōngxi Hànyǔ zěnme   shuō?

that *measure word* thing Chinese how   say

What do you call that in Chinese?

B: Xiāngjiāo. Nǐ yào   shénme?

banana   you want   what

Banana. What do you want?

A: Wǒ   yào   píngguǒ.

I   want   apple.

I want (to buy) some apples.

B: Nǐ yào   jǐ   ge ?

you want how many *measure word*

How many apples do you want (to buy)?

A: Wǒ yào   wǔ   ge .

I   want   five *measure word*

I want to buy five.

Duōshao   qián?

How many/much money

How much is it?

B: Qī   kuài   wǔ   máo.

Seven *kuai*   five   *mao*

Seven yuan and fifty cents

(A pays B for the apples.)

B: Xièxie!   Zàijiàn!

Thank you. Goodbye!

A: Zàijiàn!

Goodbye!

语音 Yǔyīn **Phonetics**

声母和韵母 Shēngmǔ hé yùnmǔ **Initials and Finals**

	wu	wa	wo	wai	wei	wan	wen	wang	weng
	(=u	=ua	=uo	=uai	=uei	=uan	=uen	=uang	=ueng)
z_i	zu		zuo		zui =zuei	zuan	zun =zuen		
c_i	cu		cuo		cui =cuei	cuan	cun =cuen		
s_i	su		suo		sui =suei	suan	sun =suen		

Notes:

1. wu wa wo wai wei wan wen wang

Standing as syllables by themselves, u, ua, uo, uai, uei, uan, uen and uang should be written wu, wa, wo, wai, wei, wan, wen and wang.

2. ui un

When preceded by an initial, uei and uen are written ui and un,˙e.g. zuì, dùn.

3. ua uo

In the syllables ua and uo, a[a] and o[o] are louder and more distinct than u.

4. z c

The initial z sounds like the *ds* in *reads* (but de-voiced), c sounds the same as *ts* in *boots*.

5. zi ci si

The final i in zi, ci and si is pronounced as [ɿ] , not [i] . The vowel [i] never follows z, c and s in *Putonghua* .

Classroom Speech

Qǐng dú yíxia.	Read it, please.
Qǐng xiě yíxia.	Write it, please.
Qǐng fānyì yíxia.	Translate it, please.
Duì bu duì?	Is it right?
Duì.	Yes, it is. / It's right.
Bú duì.	No, it isn't. / It's not right.

Although the language we call Chinese probably existed well over ten thousand years ago, the name "Hànyǔ" referring to the Chinese language came about rather late. Prior to the Qin Dynasty (221 B.C.- 207 B.C.), the Chinese called themselves "Huá" or "Xià." During the Han Dynasty (206 B.C.-A.D. 220), other nations referred to the Chinese as the "Han people." Such names as the "Han people," the "Qin people," and the "Tang people" all came about because these were the names of ruling dynasties during different historical times. Hence, at the present time, the "language of the Han people" is best called "Hànyǔ".

The reason that the "Han dynasty" was so named is because its first Emperor, Liu Bang (B.C. 256 - B.C. 195), was called the King of Han. The reason he was called the King of Han is that he was enfeoffed in the middle reaches of the Han River (Hàn Shuǐ, also known as Hàn Jiāng).

0.6

会话 Huìhuà **Conversation**

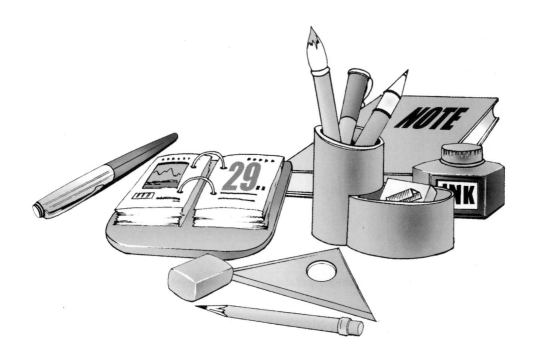

A: Jīntiān   xīngqī   jǐ?

today   week how many/how much

What day is today?

[zuótiān]   [míngtiān]

yesterday   tomorrow

B: Jīntiān xīngqī yī .

today week one (i.e., Monday)

Today is Monday.

[Xīngqī èr   Xīngqī sān   Xīngqī sì   Xīngqī wǔ

Tuesday   Wednesday   Thursday   Friday

Xīngqī liù   Xīngqī tiān (Xīngqī rì)]

Saturday   Sunday

A: Nǐ jīntiān shàng kè   ma ?

you today have classes *particle*

Do you have classes today?

B: Jīntiān shàngwǔ shàng kè, xiàwǔ bú shàng kè.

today   morning have classes afternoon not have classes

I have classes this morning. I don't have classes this afternoon.

[wǎnshang]

evening

声母和韵母 Shēngmǔ hé yùnmǔ **Initials and Finals**

zhi   chi   shi   ri
er

Notes:

zhi chi shi ri

The final in zhi, chi, shi and ri is pronounced [ɿ], not [i]. The vowel [i] never follows zh, ch, sh and r in *Putonghua* .

Zhi, chi, shi are pronounced almost the same way as zi, ci, si except that the tip of the tongue is raised towards the hard palate. (see the picture)

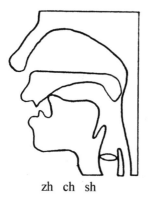

zh ch sh

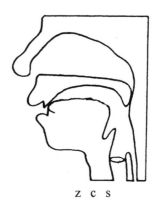

z c s

儿化韵 Érhuà yùn **Retroflex Finals**

The final er is sometimes attached to another final to form a retroflex final and when thus used, it is no longer an independent syllable. A retroflex final is represented by the letter r added to the final. e.g.

zhèr here   nàr there   nǎr where

Classroom Speech

Qǐng kàn hēibǎn.	Look at the blackboard, please.
Xiànzài tīngxiě.	let's have a dictation now.
Xiànzài zuò liànxí.	let's do exercises now.
Jīntiān de zuòyè shì ⋯	Today's homework is⋯

0.7

会话 Huìhuà **Conversation**

A: Jīntiān   jǐ   hào ?

today how many/ how much number

What's the date today?

B: Jīntiān shí'èr yuè èrshíwǔ hào.

today twelve month twenty five number

Today is December 25th .

| yī yuè | èr yuè | sān yuè | sì yuè | wǔ yuè | liù yuè |

| qī yuè | bā yuè | jiǔ yuè | shí yuè | shíyī yuè | shí'èr yuè |

| yī hào | èr hào | …… | jiǔ hào | shí hào |

| shíyī hào | shí'èr hào | …… | shíjiǔ hào | èrshí hào |

| èrshíyī hào | èrshí'èr hào | …… | èrshíjiǔ hào | sānshí hào |

| sānshíyī hào |

A: Nǐ jīntiān gōngzuò bu gōngzuò?

you today work not work

Do you work today?

B: Jīntiān wǒ bù gōngzuò. Jīntiān xiūxi.

today I not work today rest

I don't work today. I have the day off.

语音复习 Yǔyīn Fùxí **Phonetics Review**

声母 Shēngmǔ **Initials**

b	p	m	f		d	t	n	l
g	k	h			j	q	x	
zh	ch	sh	r		z	c	s	

韵母 Yùnmǔ **Finals**

	a	o	e		ai	ei	ao	ou	an	en	ang	eng	ong
i	ia		ie			iao	iou	ian	in	iang		ing	iong
u	ua	uo			uai	uei		uan	uen	uang		ueng	
ü		üe						üan	ün				
-i													
er													

声调 Shēngdiào **Tones**

e.g. mā má mǎ mà

轻声 Qīngshēng **Neutral Tone**

e.g. māma *mother*

第三声的变调　dì-sān shēng de biàndiào　3rd Tone Sandhi

shǒubiǎo　*watch (n.)*

shǔbiāo　*computer mouse*　yǔyán　*language*

yǐnliào　*soft drinks*　ěrduo　*ear*

儿化　érhuà　**Retroflex Final**

e.g. huār　*flower*　wánr　*play*

Cultural Notes

Hanyu, the Chinese language, includes the following dialect groups: (1) The Mandarin dialect group, used by more than 70% of all Han Chinese, the best known form of which is the Beijing dialect; (2)Wú dialects, represented by Shanghainese; (3) Xiāng dialects, including many forms spoken in Húnán Province; (4)Gàn dialects, used in Jiāngxī Province;(5)Hakka (Kèjiā) dialects, represented by speech found in Méi County (Méi Xiàn) in Guǎngdōng Province but found throughout Guǎngdōng, Guǎngxī, Fújiàn, Jiāngxī and other places;(6)Mǐn dialects, which are distributed throughout Fújiàn Province, Cháozhōu and Shàntóu districts of Guǎngdōng Province, Hǎinán Province, and most of Táiwān; and (7) Yuè dialects, also known as Cantonese. Many overseas Chinese and people of Chinese ancestry speak either a form of Cantonese or some Min dialect. The differences between dialects lie mainly in the pronunciation, certain vocabulary items and to a certain extent, grammar. They can differ as widely from each other as French and Italian.

Chinese Grammar Terms

noun	N.	míngcí	名词
place word	P.W.	chùsuǒcí	处所词
time word	T.W.	shíjiāncí	时间词
location word	L.W.	fāngwèicí	方位词
pronoun	Pron.	dàicí	代词
question word	Q.W.	yíwèncí	疑问词
verb	V.	dòngcí	动词
direction verb	D.V.	qūxiàng dòngcí	趋向动词
optative verb	Op.V.	néngyuàn dòngcí	能愿动词
adjective	Adj.	xíngróngcí	形容词
numeral	Num.	shùcí	数词
measure word	M.W.	liàngcí	量词
adverb.	Adv.	fùcí	副词
preposition	Prep.	jiècí	介语
conjunction	Conj.	liáncí	连语
particle	Part.	zhùcí	助词
subject	S.	zhǔyǔ	主语
predicate	P.	wèiyǔ	谓语
object	O.	bīnyǔ	宾语
attributive	Attrib.	dìngyǔ	定语
complement	Comple.	bǔyǔ	补语
adverbial	Adverbial.	zhuàngyǔ	状语

1

地图 (N.)	dìtú	map	张	地圖
出租汽车	chūzū qìchē	taxi	辆	出租汽車

Both traditional and simplified characters are provided in the vocabulary and the text. Here "地图" "出租汽车" are in the simplified form while "地圖" and "出租汽車" are in the traditional form.

张 is the measure word for "地图", for example 一张地图.

2

你说 [19] 英语 [20] 还是 [21] 说法语 [22]

The number to the upper right of a word in the text indicates the number of the word in the vocabulary list. A sentence printed in bold-face indicates that it is one of the model sentences for the text. Model sentences appear at the beginning of each lesson.

3

Dīng Hànshēng   a
丁 汉 生： 是啊,很可爱。

Proper names, interjections and most of the modal particles are provided pinyin in the text, even when they do appear in the vocabulary.

There is a famous university named Lincoln University, in a beautiful city on the west coast of North America. Young people from different countries study here.

Bái Xiǎohóng 白小红, female, Chinese

Wáng Yīng 王英, female, Chinese-Canadian

Jiāng Shān 江山, male, American

Mǎ Lì 马力, male, Australian

They have a Chinese teacher who always pretends not to know English when in class:

Zhāng Lín 张林, male, Chinese, over forty.

There are several friends working in companies:

Dīng Hànshēng
丁汉生，   male,
Chinese,   who was
sent to work here by
a Chinese company.

Jiékè，杰克，Jack，male，
Canadian,who is an employee in
an export company and often goes
to China on business.

And one more, currently in the U.K.

Zhāng Yuányuan 张园园, female,
English of Chinese origin,   Jiang
Shan's girlfriend,   a student at the
Eastern College in England.

Dì-yī Kè Nín Guì Xìng

第一课 您 贵 姓

Lesson One   What's Your Surname

Nín shì Jiānádà rén ma?

● 您 是 加拿大人 吗?

Are you Canadian?

Nín shì bu shì Jiānádà rén?

● 您 是 不 是 加拿大人?

Are you Canadian?

Wǒ bú shì Lín lǎoshī.

● 我 不 是 林 老师。

I am not Teacher Lin.

Nín shuō Yīngyǔ háishi shuō Fǎyǔ?

● 您 说 英语 还是 说 法语?

Do you speak English or French?

1. 您	(Pron.)	nín	you (honorific form)	
2. 好	(Adj.)	hǎo	good, well, fine	
3. 贵姓		guìxìng	What's (your) surname?	貴姓
姓	(V.&N.)	xìng	surname	
4. 我	(Pron.)	wǒ	I, me	
5. 呢	(Parti.)	ne		
6. 是	(V.)	shì	be	
7. 人	(N.)	rén	people, person	
8. 吗	(Parti.)	ma		嗎
9. 不	(Adv.)	bù	no, not	

* * * * *

10. 同学	(N.)	tóngxué	classmate	同學
11. 们	(suffix)	men		們
12. 老师	(N.)	lǎoshī	teacher	老師
13. 叫	(V.)	jiào	call	
14. 你	(Pron.)	nǐ	you	

15. 什么	(Q.W.)	shénme	what	什麼
16. 名字	(N.)	míngzi	name	
17. 哪国人		nǎ guó rén	what nationality	哪國人
哪	(Q.W.)	nǎ	which	
国		guó	country	國
18. 也	(Adv.)	yě	also, too	
19. 说	(V.)	shuō	say, speak	説
20. 英语	(N.)	Yīngyǔ	English (language)	英語
21. 还是	(Conj.)	háishi	or	還是
22. 法语	(N.)	Fǎyǔ	French (language)	法語
23. 都	(Adv.)	dōu	both, all	
24. 只	(Adv.)	zhǐ	only	
25. 汉语	(N.)	Hànyǔ	Chinese (language)	漢語

Supplementary Words

26. 他	(Pron.)	tā	he, him
27. 她	(Pron.)	tā	she, her

28. 加拿大	Jiānádà	Canada	
29. 中国	Zhōngguó	China	中國
30. 澳大利亚	Àodàlìyà	Australia	澳大利亞
31. 美国	Měiguó	The United States	美國

课 文 Kèwén Text

(一)

(Bai Xiaohong, a girl from China, and Wang Ying, a Canadian girl of Chinese ancestry, study in the same university. This is their first meeting.)

Bái Xiǎohóng

白小红：您[1]好[2]！

Wáng Yīng

(greeting)

王　英：您好！

Bái Xiǎohóng

(asking sb.'s name)

白小红：您贵姓[3]？

Wáng Yīng

我　　　　Wáng

王　英：我[4]姓王。您呢[5]？

Bái Xiǎohóng

我　　Bái

白小红：我姓白。

Wáng Yīng

(asking sb.'s nationality)

Jiānádà

王　英：您是[6]加拿大[28]人[7]吗[8]？

nin shi bu shi

Bái Xiǎohóng

Jiānádà　　　　　　　　中国[29]

白小红：不[9]，我不是加拿大人，我是中国[29]人。您是不是

Jiā nádà

加拿大人？

Wáng Yīng

Jiānádà

王　英：我是加拿大人。

Bái Xiǎohóng

白小红：您[1]好[2]！

Wáng Yīng

(greeting)

王　英：您好！

Bái Xiǎohóng

(asking sb.'s name)

白小红：您貴姓[3]？

王　英：我姓王。您呢[5]？

白小红：我姓白。

(asking sb.'s nationality)

王　英：您是[6]加拿大[28]人[7]吗[8]？

白小红：不[9]，我不是加拿大人，我是中国[29]人。您是不是

加拿大人？

王　英：我是加拿大人。

Pinyin Text

Bái Xiǎohóng:　Nín hǎo!

Wáng Yīng:　Nín hǎo!

Bái Xiǎohóng:　Nín guì xìng?

Wáng Yīng:　Wǒ xìng Wáng. Nín ne?

Bái Xiǎohóng:　Wǒ xìng Bái.

Wáng Yīng:　Nín shì Jiānádà rén ma?

Bái Xiǎohóng:　Bù, wǒ bú shì Jiānádà rén. Wǒ shì Zhōngguó rén.

Nín shì bu shì Jiānádà rén?

Wáng Yīng:　Wǒ shì Jiānádà rén.

English Translation

Bai Xiaohong: Hello.

Wang Ying: Hello.

Bai Xiaohong: What's your surname?

Wang Ying: My surname is Wang. And yours?

Bai Xiaohong: Bai is my surname.

Wang Ying: Are you Canadian?

Bai Xiaohong: No, I'm not. I'm Chinese. Are you Canadian or not?

Wang Ying: I'm Canadian.

Note:

"我不是加拿大人"
"不" is an adverb. In Chinese adverbs always precede verbs.

(二)

Ma Li, Wang Ying and Jiang Shan have just started to learn Chinese. Zhang Hua is their Chinese teacher.

同学 [10] 们 [11]：（greeting）老师 [12] 好！

Zhāng
张老师：同学们好！

Mǎ Lì
马 力：您是不是林老师？

Zhāng
张老师：我不是林老师，我是张老师。我姓张，叫 [13] 张林。

（asking sb.'s name）你 [14] 叫什么 [15] 名字 [16]？

Mǎ Lì
马 力：我叫马力。

Zhāng
张老师：（asking sb.'s nationality）你是哪国人 [17]？

Mǎ Lì
马 力：我是澳大利亚 [30] 人。

Zhāng
张老师：(to Jiang Shan) 你呢？

Jiāng Shān
江 山：我叫江山，是美国 [31] 人。

Zhāng
张老师：(to Wang Ying) 你也 [18] 是美国人吗？

Wáng Yīng
王 英：不，我不是美国人。我是加拿大人。

Zhāng
张老师：你说 [19] 英语 [20] 还是 [21] 说法语 [22]？

王英：我说英语。我们都 [23] 说英语。张老师，您说不说英语？

张老师：我不说英语。我只 [24] 说汉语 [25]。

同学 [10] 们 [11]： (greeting) 老师 [12] 好！

张老师：同学们好！

马力：您是不是林老师？

张老师：我不是林老师，我是张老师。我姓张，叫 [13] 张林。你 [14] 叫 (asking sb.'s name) 什么 [15] 名字 [16]？

马力：我叫马力。

张老师： (asking sb.'s nationality) 你是哪国人 [17]？

马力：我是澳大利亚 [30] 人。

张老师 (to Jiang Shan) 你呢？

江山：我叫江山，是美国 [31] 人。

张老师：(to Wang Ying) 你也 [18] 是美国人吗？

王　英：不，我不是美國人。我是加拿大人。

張老師：你說 ¹⁹ 英語 ²⁰ 還是 ²¹ 說法語 ²²？

王　英：我說英語。我們都 ²³ 說英語。張老師，您說不說英語？

張老師：我不說英語。我只 ²⁴ 說漢語 ²⁵。

Pinyin Texts

Tóngxuémen:	Lǎoshī hǎo!
Zhāng lǎoshī:	Tóngxuémen hǎo!
Mǎ Lì:	Nín shì bu shì Lín lǎoshī?
Zhāng lǎoshī:	Wǒ bú shì Lín lǎoshī, wǒ shì Zhāng lǎoshī.　Wǒ xìng Zhāng, jiào Zhāng Lín. Nǐ jiào shénme míngzi?
Mǎ Lì:	Wǒ jiào Mǎ Lì.
Zhāng lǎoshī:	Nǐ shì nǎ guó rén?
Mǎ Lì:	Wǒ shì Àodàlìyà rén.
Zhāng lǎoshī:	(to Jiang Shan) Nǐ ne?
Jiāng Shān:	Wǒ jiào Jiāng Shān, shì Měiguó rén.
Zhāng lǎoshī:	(to Wang Ying) Nǐ yě shì Měiguó rén ma?
Wáng Yīng:	Bù, wǒ bú shì Měiguó rén. Wǒ shì Jiānádà rén.
Zhāng lǎoshī:	Nǐ shuō Yīngyǔ háishi shuō Fǎyǔ?
Wáng Yīng:	Wǒ shuō Yīngyǔ.　Wǒmen dōu shuō Yīngyǔ.　Zhāng lǎoshī, nín shuō bu shuō Yīngyǔ?
Zhāng lǎoshī:	Wǒ bù shuō Yīngyǔ. Wǒ zhǐ shuō Hànyǔ.

Students: Hello, teacher.

Zhang: Hello, students.

Ma Li: Are you our teacher Lin?

Zhang: No, I'm not. I'm your teacher Zhang. My surname is Zhang.

                My name is Zhang Lin. What's your name?

Ma Li: My name is Ma Li.

Zhang: What is your nationality?

Ma Li: I'm Australian.

Zhang: (to Jiang Shan) How about you?

Jiang Shan: .   My name is Jiang Shan. I'm American.

Zhang: (to Wang Ying) Are you also American?

Wang Ying: No, I'm not American. I'm Canadian.

Zhang: Do you speak English or French?

Wang Ying: I speak English. We all speak English. Do you speak English,

                teacher Zhang?

Zhang: I don't speak English. I only speak Chinese.

Notes:

(一)"张老师"

Students address their teachers by "Surname+Lǎoshī"

(二)"你也是美国人吗"、"我们都说英语"、"我只说汉语"

Like "不"，"也" "都" and "只" are also adverbs, and precede the verbs "是" and "说".

Tone Changes for "不"

不 bù, is usually pronounced in the fourth tone. E.g.

bù + 1st tone e.g. 不说汉语 bù shuō Hànyǔ not speak Chinese
bù + 2nd tone e.g. 不白 bù bái not white
bù + 3rd tone e.g. 不好 bù hǎo not good

But when put before another 4th tone syllable, 不 bù changes into the 2nd tone.

bú + 4th tone

e.g.

(1) 我不是中国人 Wǒ bú shì Zhōngguó rén I am not Chinese.
(2) 我不姓王   Wǒ bú xìng Wáng My surname is not Wang.

语 法 Yǔfǎ **Grammar**

I. Simple sentence pattern 1: Subject + Verb (+ Object)

Just like English, the Chinese simple sentence pattern is:

Subject + Verb　(+ Object)

e.g.

the affirmative form	the negative form
我姓王。	我不姓王。
Wǒ xìng Wáng.	Wǒ bú xìng Wáng.
我说法语。	我不说法语。
Wǒ shuō Fǎyǔ.	Wǒ bù shuō Fǎyǔ.
我们都是中国人。	我们都不是中国人。
Wǒmen dōu shì Zhōngguó rén.	Wǒmen dōu bú shì Zhōngguó rén.

But unlike English, the Chinese adverb is always put before the verb, not after it.

Adverb + Verb

e.g.

他不是美国人。

Tā bú shì Měiguó rén.

他也是美国人。

Tā yě shì Měiguó rén.

他们都是美国人。

Tāmen dōu shì Měiguó rén.

他只说汉语。

Tā zhǐ shuō Hànyù.

II. Question patterns

In Chinese, word order in questions is the same as in statements. The most commonly used types of questions are as follows:

A. Questions with 吗 *ma* or a rising tone , which are yes-or-no questions.

> a statement + 吗？

e.g.

(1) 您是中国人吗？　　Nín shì Zhōnguó rén ma?

Are you Chinese?

(2) 他也是中国人吗？　Tā yě shì Zhōngguó rén ma?

Is he Chinese too?

(3) 你们都说汉语吗？　Nǐmen dōu shuō Hànyǔ ma?

Do you all speak Chinese?

B. Choice questions, which include two sub-types:

a. X 不 X …？

Here 不 *bu* is pronounced in neutral tone.

e.g.

(1) 您是不是中国人？　Nín shì bu shì Zhōnguó rén?

Are you Chinese?

(2) 他是不是中国人？　Ta shì bu shì Zhōngguó rén?

Is he Chinese?

(3) 你们说不说汉语？　Nǐmen shuō bu shuō Hànyǔ?

Do you speak Chinese?

or:

(4) 您是中国人不是(中国人)?

Nín shì Zhōngguó rén bú shì (Zhōngguó rén)?

(5) 你们说汉语不说(汉语)?

Nǐmen shuō Hànyǔ bù shuō (Hànyǔ)?

Note: the *X 不 bu X* pattern means almost the same as the *…吗 ma* pattern. But in the *X 不 bu X* pattern, the verb cannot be modified by such adverbs as "也", "都" or "只".

b. X 还是 Y?

e.g.

(1) 你是加拿大人还是美国人?

Nǐ shì Jiānádà rén háishi Měiguó rén?

Are you Canadian or American?

(2) 你说英语还是(说)法语?

Nǐ shuō Yīngyǔ háishi (shuō) Fǎyǔ?

Do you speak English or French?

C. Questions with a question word.

e.g.

(1) 你是哪国人?

Ní shì nǎ guó rén?

What's your nationality?

(2) 你姓什么？

Nǐ xìng shénme?

What's your surname?

(3) 你叫什么名字？

Nǐ jiào shénme míngzi?

What's your name?

D. Questions of shortened form ending with 呢 *ne* , meaning "how about/ what about…".

NP. + 呢 ne?

e.g.

(1) A: 您是中国人吗？　Nín shì Zhōngguó rén ma?

B: 我是中国人。你呢？　Wǒ shì Zhōngguó rén. Nǐ ne?

A: 我是加拿大人。　Wǒ shì Jiānádà rén.

(2) A: 你叫什么名字？　Nǐ jiào shénme míngzi?

B: 我叫江山。你呢？　Wǒ jiào Jiāng Shān. Nǐ ne?

A: 我叫白小红。　　Wǒ jiào Bái Xiǎohóng.

(3) A: 你说英语还是说法语？　Nǐ shuō Yīngyǔ háishi shuō Fǎyǔ?

B: 我说英语。你呢？　Wǒ shuō Yīngyǔ. Nǐ ne?

A: 我也说英语。　Wǒ yě shuō Yīngyǔ.

1.	中文	(N.)	Zhōngwén	Chinese language	
2.	英文	(N.)	Yīngwén	English language	
3.	法文	(N.)	Fǎwén	French language	
4.	普通话	(N.)	Pǔtōnghuà	Mandarin ("Common Speech")	普通話
5.	英国	(N.)	Yīngguó	the United Kingdom	英國
6.	俄国	(N.)	Éguó	Russia	俄國
7.	法国	(N.)	Fǎguó	France	法國
8.	德国	(N.)	Déguó	Germany	德國
9.	日本	(N.)	Rìběn	Japan	
10.	韩国	(N.)	Hánguó	South Korea	韓國
11.	华裔	(N.)	huáyì	foreign citizen of Chinese origin	華裔

Cultural Notes

1. A complete Chinese name consists of a surname (xìng) and a given name (míng), the former preceding the latter. Surnames are usually monosyllabic/one character, but a few surnames are disyllabic/two characters. Given names may be either monosyllabic or disyllabic.

姓名 xìngmíng Full Name	姓 xìng Surname	名 míng Given Name
白小红 Bái Xiǎohóng	白 Bái	小红 Xiǎohóng
江 山 Jiāng Shān	江 Jiāng	山 Shān

When asking someone's name, we say: "Nǐ jiào shénme míngzi?" (What is your name?) "Nín guì xìng?" (What is your honourable surname?) or "Nín zěnme chēnghu? (How do I address you?) The last two are more polite expressions.

2. Modern Chinese may be broadly or narrowly defined. In its broader definition, it includes all the dialects. In its narrower interpretation, it refers to Chinese with a pronunciation based on the Beijing dialect and grammar based on the model of modern vernacular writings. It is commonly called Mandarin or *putonghua* (literally, "common speech.")

The terms "Zhōngwén", "Hànyǔ", "Guóyǔ" and "Huáyǔ" are similar in meaning. "Guóyǔ" is used to refer to "Mandarin" in Taiwan, while "Huáyǔ" is used in Singapore and among many overseas Chinese with a similar meaning.

Dì-èr Kè   Rènshi Nǐ Hěn Gāoxìng

第二课 认 识 你 很 高 兴

Lesson Two   Glad to Meet You

Rènshi nǐ hěn gāoxìng !

● 认识 你很 高兴！

Glad to meet you!

Wǒ zài Línkěn Dàxué Dōngyàxué Xì xuéxí.

● 我 在 林肯 大学 东亚 学系 学习。

I study in the Dept.of East Asian Studies，Lincoln Univ.

Dōngfāng Xuéyuàn zěnmeyàng?

● 东方 学院 怎么样？

What is Eastern College like?

Dōngfāng Xuéyuàn hěn dà, yě hěn piàoliang.

● 东方 学院 很 大，也 很 漂亮。

Eastern College is big, and is also beautiful.

1. 认识	(V.)	rènshi	know		認識
2. 很	(Adv.)	hěn	very		
3. 高兴	(Adj.)	gāoxìng	glad		高興
4. 在	(Prep.& V.)	zài	(be) in, at		
5. 进出口		jìnchūkǒu	import and export		進出口
进口	(V.)	jìnkǒu	import		進口
出口	(V.)	chūkǒu	export		
6. 公司	(N.)	gōngsī	company		
7. 工作	(V. & N.)	gōngzuò	work, job		
8. 大学	(N.)	dàxué	university		大學
9. 系	(N.)	xì	department (of a university)		
10. 学习	(V.)	xuéxí	study, learn		學習
11. 可以	(Op. V.)	kěyǐ	may, can		
12. 给	(Prep.)	gěi	to, for		給
13. 打电话		dǎ diànhuà	make a telephone call		打電話
电话	(N.)	diànhuà	telephone		電話
给…打电话		gěi…dǎ diànhuà	to call sb.		

14. 的	(Part.)	de		
我的		wǒ de	my, mine	
我们的		wǒmen de	our, ours	我們的
15. 号码	(N.)	hàomǎ	number	號碼
16. 〇(零)	(Num.)	líng	zero	
17. 发	(V.)	fā	send	發
18. 电子邮件		diànzǐ yóujiàn	e-mail	電子郵件
电子	(N.)	diànzǐ	electronic	電子
邮件	(N.)	yóujiàn	mail	郵件

* * * * *

19. 这	(Pron.)	zhè	this	這
20. 女	(Adj.)	nǚ	female	
21. 朋友	(N.)	péngyou	friend	
22. 请	(V.)	qǐng	please	請
23. 进	(V.)	jìn	enter	進
24. 坐	(V.)	zuò	sit	
25. 谢谢	(V.)	xièxie	thank	謝謝
26. 喝	(V.)	hē	drink	
27. 茶	(N.)	chá	tea	

28. 哪儿(哪里)	(Q.W.)	nǎr(nǎli)	where	哪兒 哪裏
29. 学院	(N.)	xuéyuàn	college	學院
30. 怎么样	(Q.W.)	zěnmeyàng	how	怎麼樣
31. 大	(Adj.)	dà	big	
32. 漂亮	(Adj.)	piàoliang	beautiful	
33. 喜欢	(V.)	xǐhuan	like	喜歡

Supplementary Words

34. 那	(Pron.)	nà	that	
35. 男	(Adj.)	nán	male	
36. 小	(Adj.)	xiǎo	small, little	

Proper Names

37. 林肯大学	Línkěn Dàxué	Lincoln University	林肯大學
38. 东亚学系	Dōngyàxué Xì	Dept of East Asian Studies	東亞學系
39. 英国	Yīngguó	United Kingdom	英國
40. 东方学院	Dōngfāng Xuéyuàn	Eastern College	東方學院

（一）

（ Jieke，an employee in a company. One day he meets Bai Xiaohong on a plane.）

Jiékè 　　　˅ ˅　　˅ ˋ　Jiékè

杰 克：你好！我叫杰克。

Bái Xiǎohóng 　˅ ˅　*introduction*　Bái Xiǎohóng

白小红：你好！我叫 白 小 红。

Jiékè 　　　ˋ • ˅ ˅ ‾ ˋ

杰 克：认识[2]你很[1]高兴[3]！

Bái Xiǎohóng 、．*greeting* － 、

白小红：认识你我也很高兴！

Jiékè 　 ˇ 、 ˋ － － － 、 ˇ ˇ ．

杰　克：我在[4]进出口[5]公司[6]工作[7]，你呢？

Bái Xiǎohóng 　 ˇ 、 Lín kěn 、 ˇ Dōngyàxué 、 ˊ ˊ

白小红：我在林肯[36]大学[8]东亚学[37]系[9]学习[10]。

Jiékè 　 ˇ ˇ *Making a request* ˇ 、 ˇ ．

杰　克：可以[11]给[12]你打电话[13]吗？

Bái Xiǎohóng 　 ˇ ˇ ˇ ． 、 ˇ ˇ ˊ 、 － ˊ － ˇ 、

白小红：可以。我的[14]电话号码[15]是215　70[16]98。

Jiékè 　 ˇ 、 ˇ ． ˇ ˇ ˊ ˇ 、 ˇ ˋ

杰　克：可(以)不可以给你发[17]电子邮件[18]？

Bái Xiǎohóng 　 ˇ ˇ ． ˇ ˇ ˇ ˇ － ˇ ˇ 、

白小红：可以，你也可以给我发电子邮件。

Jiékè 　 ˇ ˇ 　 ˇ 、 Jié kè

傑　克：你好！我叫傑克。

Bái Xiǎohóng 　 ˇ ˇ *introduction* Bái Xiǎohóng

白小红：你好！我叫 白 小 红。

Jiékè 　 、 ． ˇ ˇ － 、

傑　克：認識[1]你很[2]高興[3]！

白小紅：認識你我也很高興！

傑　克：我在[4]進出口[5]公司[6]工作[7]，你呢？

白小紅：我在林肯[36]大學[8]東亞學[37]系[9]學習[10]。

傑　克：可以[11]給[12]你打電話[13]嗎？

白小紅：可以。我的[14]電話號碼[15]是215 70[16]98。

傑　克：可(以)不可以給你發[17]電子郵件[18]？

白小紅：可以，你也可以給我發電子郵件。

Pinyin Text

Jiékè：　　　Nǐ hǎo!　Wǒ jiào Jiékè.

Bái Xiǎohóng：Nǐ hǎo!　Wǒ jiào Bái Xiǎohóng.

Jiékè：　　　Rènshi nǐ hěn gāoxìng!

Bái Xiǎohóng：Rènshi nǐ wǒ yě hěn gāoxìng!

Jiékè：　　　Wǒ zài Jìnchūkǒu gōngsī gōngzuò. Nǐ ne?

Bái Xiǎohóng： Wǒ zài Línkěn Dàxué Dōngyàxué Xì xuéxí.

Jiékè： Wǒ kěyǐ gěi nǐ dǎ diànhuà ma?

Bái Xiǎohóng： Kěyǐ. Wǒ de diànhuà hàomǎ shì èr yāo wǔ qī líng jiǔ bā.

Jiékè： Kě(yǐ) bu kěyǐ gěi nǐ fā diànzǐ yóujiàn?

Bái Xiǎohóng： Kěyǐ. Nǐ yě kěyǐ gěi wǒ fā diànzǐ yóujiàn.

English Translation

Jack： Hello. My name is Jack.

Bai Xiaohong： Hello. My name is Bai Xiaohong.

Jack： Glad to meet you.

Bai Xiaohong： Glad to meet you, too.

Jack： I work in an import and export corporation. How about you?

Bai Xiaohong： I study in the Dept. of East Asian Studies, Lincoln Univ.

Jack： May I telephone you?

Bai Xiaohong： Yes, please. My telephone number is 2157098.

Jack： May I send an e-mail to you?

Bai Xiaohong： Yes, please.

Notes:

（一）"我在进出口公司工作"

In this sentence "在" is a preposition. Prepositional phrases are usually placed before the verb.

（二）"我在林肯大学东亚学系学习"

In Chinese expressions of place, bigger places come before smaller ones, just the opposite of English.

the biggest			the smallest
中国	上海	复旦	大学
Zhōngguó	Shànghǎi	Fùdàn	Dàxué

e.g.

Fudan Univ., Shanghai, China

（三）"我的电话号码是2157098"

To read a telephone number in Chinese, just say the numbers. "一"can also be read as "yao".

（二）

(Jiang Shan, and his girlfriend Zhang Yuanyuan are invited to Ding Hansheng's home.)

Jiāng Shān `、 `、 ` ` ` *introduction* `、.` Zhāng Yuányuan

江 山：这[19]是我的女[20]朋友[21]，张 园园。

Dīng Hànshēng `ˇ ˇ` *invitation* `ˇ`

丁汉生：你好！请[22]进[23]！

Zhāng Yuányuan `ˇ` *Accepting an invitation*

张园园：好，好。

Dīng Hànshēng `ˇ 、`

丁汉生：请坐[24]。

Jiāng Shān *gratitude* `.`

江 山：谢谢[25]。

Dīng Hànshēng `ˇ` *offer* `、`

丁汉生：请喝[26]茶[27]。

Zhāng Yuányuan *Accepting an offer*

张园园：好，谢谢！

Dīng Hànshēng `ˇ` *Asking where* `ˇ 、 ˊ`

丁汉生：你在哪儿[28]学习？

Zhāng Yuányuan `ˇ 、` Yīngguó Dōngfāng `ˊ 、` Dōngyàxué `、 ˊ ˊ`

张园园：我在英国[38]东方[39]学院[29]东亚学系学习。

Dīng Hànshēng `ò` Dōngfāng *Making a comment* `ˇ 、 、`

丁汉生：哦。 东方学院怎么样[30]？

Zhāng Yuányuan `ˇ ˇ` `ˇ 、` `ˇ ˇ 、` `ˇ ˇ .`

张园园：很好。很大[31]，也很漂亮[32]。我很喜欢[33]。

江　山：這[19]是我的女[20]朋友[21]，張園園。

丁漢生：你好！請[22]進[23]！

張園園：好，好。

丁漢生：請坐[24]。

江　山：謝謝[25]。

丁漢生：請喝[26]茶[27]。

張園園：好，謝謝！

丁漢生：你在哪兒[28]學習？

張園園：我在英國[38]東方[39]學院[29]東亞學系學習。

丁漢生：哦。東方學院怎麼樣[30]？

張園園：很好。很大[31]，也很漂亮[32]。我很喜歡[33]。

Jiāng Shān :   Zhè shì wǒ de nǚ péngyou, Zhāng Yuányuan.

Dīng Hànshēng: Nǐ hǎo!   Qǐng jìn!

Zhāng Yuányuan: Hǎo, Hǎo.

Dīng Hànshēng: Qǐng zuò!

Jiāng Shān: Xièxie!

Dīng Hànshēng: Qǐng hē chá!

Zhāng Yuányuan: Hǎo, xièxie!

Dīng Hànshēng: Nǐ zài nǎr xuéxí?

Zhāng Yuányuan: Wǒ zài Yīngguó Dōngfāng Xuéyuàn Dōngyàxué Xì
                 xuéxí.

Dīng Hànshēng: Ò, Dōngfāng Xuéyuàn zěnmeyàng?

Zhāng Yuányuan: Hěn hǎo. Hěn dà, yě hěn piàoliang. Wǒ hěn xǐhuan.

English Translation

Jiang Shan: This is my girlfriend, Zhang Yuanyuan.

Ding Hansheng: Come in, please.

Zhang Yuanyuan: Thank you.

Ding Hansheng: Sit down, please.

Jiang Shan: Thank you.

Ding Hansheng: Would you like a cup of tea?

Zhang Yuanyuan: Yes, thank you.

Ding Hansheng:	Where do you study?
Zhang Yuanyuan:	I study at the Dept. of East Asian Studies, Eastern College in the U. K
Ding Hansheng:	Oh! What do you think of that college?
Zhang Yuanyuan:	Very nice. It is very big and beautiful. I like it very much.

Note:

"很好。很大,也很漂亮。我很喜欢"

This means "*Eastern College is very nice. Eastern College is very big and beautiful. I like it.* " The subject of the first two sentences and the object of the third sentence have been omitted. This kind of ellipsis is common in Chinese.

语 音 Yǔyīn **Phonetics**

Word Stress

In Chinese most words are disyllabic, but there are some words that are monosyllabic or polysyllabic. The last syllable in monosyllabic and polysyllabic words is usually stressed except when it is in the neutral tone. Therefore, the basic patterns are (1) stressed-unstressed and (2) stressed final syllable.

（1） stressed-unstressed pattern

◯

○

e.g.

名字 míngzi 　　朋友péngyou 　　喜欢xǐhuan 　　漂亮piàoliang

(2) stressed final syllable

e.g.

工作gōngzuò 　　电话diànhuà 　　汉语Hànyǔ 　　老师lǎoshī

Simple sentence pattern 2: Subject + Adjective

In Chinese adjectives are similar to verbs in function, so they can be used directly as predicates without the copulative verb "to be."

Subject ＋ Adjective

e.g.

(1) 我很高兴。

Wǒ hěn gāoxìng.

(2) 我们的大学很大,也很漂亮。

Wǒmen de dàxué hěn dà, yě hěn piàoliang.

(3) 我的工作不好。

Wǒ de gōngzuò bù hǎo.

Note：here "是 shì " cannot precede a predicate adjective. e.g.

A：你的大学怎么样？　Nǐ de dàxué zěnmeyàng?

B：我的大学很大。　Wǒ de dàxué hěn dà.

"很" or other adverbs always precede the predicate adjective in a statement. Here "很" is neutral in tone and does not necessarily indicate degree. If the adjective predicate is a single word, it indicates comparison. e.g.

(1) 我们的大学大,他们的大学小。

　　Wǒmen de dàxué dà, tāmen de dàxué xiǎo.

(2) 我的工作好,他的工作不好。

　　Wǒ de gōngzuò hǎo, tā de gōngzuò bù hǎo.

Words for Reference

1. 中学	(N.)	zhōngxué	middle school	中學
2. 小学	(N.)	xiǎoxué	elementary school	小學
3. 电脑	(N.)	diànnǎo	computer	電腦
4. 饮料	(N.)	yǐnliào	beverage	飲料
5. 水	(N.)	shuǐ	water	
6. 橙汁	(N.)	chéngzhī	orange juice	
7. 可口可乐	(N.)	kěkǒukělè	cocacola	可口可樂
8. 咖啡	(N.)	kāfēi	coffee	
9. 亚洲	(N.)	Yàzhōu	Asia	亞洲
10.欧洲	(N.)	Ōuzhōu	Europe	歐洲
11.美洲	(N.)	Měizhōu	America	
12.大洋洲	(N.)	Dàyángzhōu	Oceania	
13.非洲	(N.)	Fēizhōu	Africa	
14.西方	(N.)	Xīfāng	the West	

Visitors to Chinese homes are automatically served hot tea under normal circumstances. Naturally, other beverages such as coffee, soda pop, fruit juice, or mineral water may be served depending on the visitors' preferences, and depending on the season of the year. Alcoholic drinks, such as beer or wine, are usually served only with meals. Tap water (zìláishuǐ) is boiled (kāishuǐ) before it is served.

Dì-sān Kè　Nǐ Jiā Yǒu Jǐ kǒu Rén

第三课　你家有几口人

Lesson Three　How Many People Are There in Your Family

Nǐ jiā yǒu jǐ kǒu rén
● 你家有几口人？
How many people are there in your family?

Nǐmen xuéxiào yǒu duōshao xuésheng
● 你们　学校　有多少　学生？
How many students are there in your university/school?

Wǒ xiǎng　dàgài yǒu sān wàn ge
● 我想，　大概有三万　个。
There are about 30 thousand, I think.

Lǎobǎn ràng wǒ qù nàr gōngzuò
● 老板　让我去那儿工作。
The boss wants me to go there to work.

1. 地方	(N.)	dìfang	place	
2. 个	(M.W.)	gè		個
3. 这儿(这里)	(Pron.)	zhèr(zhèli)	here	這兒(這裏)
4. 家	(N.& M.W.)	jiā	family, home	
5. 有	(V.)	yǒu	have, there be	
6. 几	(Q.W.)	jǐ	how many	幾
7. 口	(M.W.)	kǒu	a measure word for people (when talking about family)	
8. 爸爸	(N.)	bàba	father	
9. 妈妈	(N.)	māma	mother	媽媽
10. 和	(Conj.)	hé	and	
11. 太太	(N.)	tàitai	wife, Mrs., madam	
12. 孩子	(N.)	háizi	child	
男孩儿		nánháir	boy	男孩兒
女孩儿		nǚháir	girl	女孩兒
13. 多大		duō dà	how old	
14. 两	(Num.)	liǎng	two	兩
15. 岁	(M.W.)	suì	...year(s) old	歲

16. 可爱	(Adj.)	kě'ài	lovely, cute	可愛
17. 吧	(part.)	ba		

*   *   *   *   *

18. 学校	(N.)	xuéxiào	school, educational institution	學校
19. 多少	(Q.W.)	duōshao	how many, how much	
20. 学生	(N.)	xuésheng	student	學生
21. 想	(V.& Op. V.)	xiǎng	think, want to (do sth.)	
22. 大概	(Adv.)	dàgài	maybe, about	
23. 万	(Num.)	wàn	ten thousand	萬
24. 没有	(V.)	méiyǒu	not have	
25. 多	(Adj.)	duō	many, much	
26. 千	(Num.)	qiān	thousand	
27. 去	(V.)	qù	go	
28. 为什么		wèi shénme	why	爲什麼
为	(Prep.)	wèi	for	爲
29. 分公司		fēn gōngsī	branch of a company	
30. 老板	(N.)	lǎobǎn	boss	老闆
31. 让	(V.)	ràng	let	讓
32. 那儿(那里)	(Pron.)	nàr (nàli)	there	那兒(那裏)

33. 百	(Num.)	bǎi	hundred	
34. 少	(Adj.)	shǎo	few, little	
35. 因为	(Conj.)	yīnwèi	because	因爲

Proper Names

| 36. 广东 | | Guǎngdōng | | 廣東 |

课 文 Kèwén **Text**

(一)

Bai Xiaohong and Ding Hansheng have just met each other. By chance, both of them come from Guangdong Province of China.

Bái Xiǎohóng

白小红： 你是什么地方[1]人？

Dīng Hànshēng　　　　Guǎngdōng

丁汉生： 我是 广东 人，你呢？

Bái Xiǎohóng　　　　　Guǎngdōng

白小红： 我也是 广东 人。

Dīng Hànshēng

丁汉生： 你一个[2]人在这儿[3]？

Bái Xiǎohóng

白小红： 一个人。你呢？

Dīng Hànshēng

丁汉生： 我一家[4]人都在这儿。

Bái　Xiǎohóng　　Asking the number

白小红： 你家有[5]几[6]口[7]人？

Dīng Hànshēng

丁汉生： 五口。我爸爸[8]、妈妈[9]，我和[10]我太太[11]，一个孩子[12]。

Bái Xiǎohóng

白小红： 男孩儿还是女孩儿？

Dīng Hànshēng ˇ ´

丁汉生：女孩儿。

Bái Xiǎohóng *Asking the age*

白小红：孩子多大[13]？

Dīng Hànshēng ˇ ˋ

丁汉生：两[14]岁[15]。

Bái Xiǎohóng *supposition*

白小红：很可爱[16]吧[17]？

Dīng Hànshēng ˋ *agreeing* a ˋ

丁汉生：是啊，很可爱。

~~~~~~

Bái Xiǎohóng ˇ ˋ ´ . ˋ . ´

白小红：你是什麼地方[1]人？

Dīng Hànshēng ˇ ˋ Guǎngdōng ´ ˇ .

丁漢生：我是 廣東 人，你呢？

Bái Xiǎohóng ˇ ˇ ˋ Guǎngdōng ´

白小红：我也是 廣東 人。

Dīng Hànshēng ˇ ´ ˋ ´ ˋ ˋ

丁漢生：你一個[2]人在這兒[3]？

Bái Xiǎohóng ´ ˋ ´ ˇ .

白小红：一個人。你呢？

Dīng Hànshēng ˇ ˋ ˉ ˊ ˉ ˋ ˋ

丁漢生：我一家[4]人都在這兒。

Bái Xiǎohóng ˇ *Asking the number* ˊ

白小紅：你家有[5]幾[6]口[7]人？

Dīng Hànshēng ˇ ˇ ˊ ˋ · ˉ · ˇ ˊ ˊ ˋ · ˊ ˋ ˊ ·

丁漢生：五口。我爸爸[8]、媽媽[9]，我和[10]我太太[11]，一個孩子[12]。

Bái Xiǎohóng ˊ ˊ ˊ · ˇ ˊ

白小紅：男孩兒還是女孩兒？

Dīng Hànshēng ˇ ˊ

丁漢生：女孩兒。

Bái Xiǎohóng *Asking the age* · ˉ ˋ

白小紅：孩子多大[13]？

Dīng Hànshēng ˇ ˋ

丁漢生：兩[14]歲[15]。

Bái Xiǎohóng *supposition* ˇ ˇ ˋ ·

白小紅：很可愛[16]吧[17]？

Dīng Hànshēng ˋ *agreeing* ˇ ˋ

丁漢生：是啊，很可愛。

Bái Xiǎohóng： Nǐ shì shénme dìfang rén?

Dīng Hànshēng： Wǒ shì Guǎngdōng rén. Nǐ ne?

Bái Xiǎohóng： Wǒ yě shì Guǎngdōng rén.

Dīng Hànshēng： Nǐ yí gè rén zài zhèr?

Bái Xiǎohóng： Yí gè rén. Nǐ ne?

Dīng Hànshēng： Wǒ yì jiā rén dōu zài zhèr.

Bái Xiǎohóng： Nǐ jiā yǒu jǐ kǒu rén?

Dīng Hànshēng： Wǔ kǒu. Wǒ bàba, māma, wǒ hé wǒ tàitai,

yí gè háizi.

Bái Xiǎohóng： Nánháir háishi nǚháir?

Dīng Hànshēng： Nǚháir.

Bái Xiǎohóng： Háizi duō dà?

Dīng Hànshēng： Liǎng suì.

Bái Xiǎohóng： Hěn kě'ài ba?

Dīng Hànshēng： Shì a, hěn kě'ài.

English Translation

Bai Xiaohong: Where are you from?

Ding Hansheng: I'm from Guangdong Province. What about you?

Bai Xiaohonmg: I'm from Guangdong Province, too.

Ding Hansheng: Are you alone here?

Bai Xiaohong: Yes, I am. How about you?

Ding Hansheng: My family is here.

Bai Xiaohong: How many people are there in your family?

Ding Hansheng: There are five: Father, Mother, my wife and I, and a child.

Bai Xiaohong: A boy or a girl?

Ding Hansheng: A girl.

Bai Xiaohong : How old is she?

Ding Hansheng: Two.

Bai Xiaohong: She must be very cute.

Ding Hansheng: Yes, very cute.

Notes:

（一）"我一家人都在这儿"

Here "一家人 yì jiā rén" means *the whole family*.

（二）"你家有几口人"

When talking about family members "几个人" can be replaced by "几口人"。
In Chinese "有 yǒu" means *have/has* or *there is/ there are*. So we can say:

我有一个孩子。 I have a child.

我家有一个孩子。 There is a child in my family.

我有很多学生。 I have a lot of students.

我们学校有很多学生。 There are a lot of students in our school.

（三）"你家"、"我爸爸、妈妈，我和我太太"

If a pronoun is followed by a noun indicating personal relationships or an entity composed of people, "的" is often omitted. Other examples:

我朋友 我爸爸 我妈妈 我太太

我家 我国 我们学校 我们公司

（四）"两岁"

This is the same as "孩子两岁 háizi liǎng suì". When one talks about age, no verb is needed in the sentence.

"2" is usually read "两 liǎng" before measure words.

（五）"很可爱吧"

"吧 *ba*" here implies supposition.

(二)

Jack's company intends to send Jack to China，so he wants to learn Chinese at a university in his spare time.

杰　克： 你们学校[18]有多少[19]学生[20]?

张　林： 我想[21]，大概[22]有三万[23]个。

Asking the number

杰　克： 有没[24]有人学习汉语?

张　林： 有很多[25]人学习汉语。

杰　克： 大概有多少人?

张　林： 大概有一千[26]个。

杰　克： 我想去[27]你们学校学习汉语。

张　林：是吗？你为什么[28]想学习汉语？

杰　克：我们在中国有一个分公司[29]，老板[30]让[31]我去那儿[32]工作。

傑　克：你們學校[18]有多少[19]學生[20]？

張　林：我想[21]，大概[22]有三萬[23]個。

傑　克：有沒[24]有人學習漢語？

張　林：有很多[25]人學習漢語。

傑　克：大概有多少人？

張　林：大概有一千[26]個。

傑　克：我想去[27]你們學校學習漢語。

張　林：是嗎？你爲什麼[28]想學習漢語？

傑　克：我們在中國有一個分公司[29]，老闆[30]讓[31]我去那兒[32]工作。

Pinyin Text

Jiékè： Nǐmen xuéxiào yǒu duōshao xuésheng?

Zhāng Lín： Wǒ xiǎng,dàgài yǒu sān wàn gè.

Jiékè： Yǒu méiyǒu rén xuéxí Hànyǔ?

Zhāng Lín： Yǒu hěn duō rén xuéxí Hànyǔ.

Jiékè： Dàgài yǒu duōshao rén?

Zhāng Lín： Dàgài yǒu yì qiān gè.

Jiékè： Wǒ yě xiǎng qù nǐmen xuéxiào xuéxí Hànyǔ.

Zhāng Lín： Shì ma? Nǐ wèi shénme xiǎng xuéxí Hànyǔ?

Jiékè： Wǒmen zài Zhōngguó yǒu yí gè fēn gōngsī. Lǎobǎn ràng

wǒ qù nàr gōngzuò.

English Translation

Jack： How many students are there in your university?

Zhang Lin： I think there are about thirty thousand students.

Jack： Are there any students studying Chinese?

Zhang Lin： There are many students studying Chinese.

Jack： About how many?

Zhang Lin： A thousand or so.

Jack： I want to study Chinese at your university, too.

Zhang Lin： Why do you want to study Chinese?

Jack： We have a branch company in China. My boss wants me to

work there.

Notes:

(一) "你们学校有多少学生"

Both "几 jǐ" and "多少 duōshao" are used to ask "how many". "几" is used to ask about a small number; A measure word should be inserted between "几" and the noun; e.g. "几个人 jǐ gè rén". "多少" can be used to ask about any number; A measure word may be used but is often omitted between "多少" and the noun; e. g., "多少人 duōshao rén".

(二) "有没有人学习汉语"

The negative of "有" is "没有", not "不有".

(三) "有很多人学习汉语"

"多" by itself cannot precede nouns. It must be used together with "很".

(四) "我想, 大概有三万个"、"你为什么想学习汉语"

In the first sentence "想" is used as an ordinary verb and means "think". In the second sentence "想" means "want to, hope to" and functions as an optative verb followed by another verb or verb phrase.

语 音 Yǔyīn **Phonetics**

Tone changes of "一 yī"

一 yī, when used alone, is pronounced in the 1st tone. But when put before a 1st tone, 2nd tone or a 3rd tone syllable, it changes to the 4th tone.

> yì + 1st tone/+2nd tone/+3rd tone

e.g. 一千 yì qiān   一家 yì jiā   一百 yì bǎi

When used before a 4th tone syllable, it changes to the 2nd tone.

> yí + 4th tone

e.g. 一岁 yí suì   一个 yí gè

语 法 Yǔfǎ **Grammar**

Measure Words

A measure word should be inserted between a number and a noun. Different nouns are combined with different measure words. "个 gè" is the most widely used measure word.

> Num. + M.W. + N.

e.g.

一个人 yí gè rén　　　　三百个学生 sān bǎi gè xuésheng

两个地方 liǎng gè dìfang　五个公司 wǔ gè gōngsī

六个大学 liù gè dàxué　　五口人 wǔ kǒu rén

Numbers

0	1	2	3	4	5	6	7	8	9	10
〇（零）	一	二	三	四	五	六	七	八	九	十
líng	yī	èr	sān	sì	wǔ	liù	qī	bā	jiǔ	shí

11	12	13	………………………………	20
十一	十二	十三		二十
shíyī	shí'èr	shísān		èr shí

21	22	23	………………………………	30
二十一	二十二	二十三		三十
èrshíyī	èrshí'èr	èrshísān		sānshí

………………………………	40
	四十
	sì shí

			100
		....	一百
			yì bǎi

101	102	....	110
一百零一	一百零二		一百一十
yìbǎi líng yī	yìbǎi líng èr		yìbǎi yī shí

111	112	....	120
一百一十一	一百一十二		一百二十
yìbǎi yīshí yī	yìbǎi yīshí èr		yì bǎi èr shí

200

二百

èr bǎi

300

三百

sān bǎi

1000

一千

yì qiān

10000

一万

yí wàn

Note：10,000 is not "十千 shí qiān " but should be read "一万 yí wàn ". 100,000 is "十万 shí wàn " and 1,000,000 is "一百万 yì bǎi wàn ".

Verb Phrases In Series

In Chinese two or more verb phrases can be used in a series within one sentence.

There are two types of sentences of this sort. The first consists of two or more verb phrases sharing the same subject. E.g.

我 想 去你们学校 学习汉语。

Wǒ xiǎng qù nǐmen xuéxiào xuéxí Hànyǔ.

In the second sort the object of the first verb phrase is the subject of the following verb phrase. E.g.:

在我们学校，有 很多人 学习汉语。

Zài wǒmen xuéxiào yǒu hěn duō rén xuéxí Hànyǔ.

老板 让 我 去中国工作。

Lǎobǎn ràng wǒ qù Zhōngguó gōngzuò.

Words for Reference

1.	先生	(N.)	xiānsheng	Mr., sir, husband	
2.	哥哥	(N.)	gēge	elder brother	
3.	姐姐	(N.)	jiějie	elder sister	
4.	弟弟	(N.)	dìdi	younger brother	
5.	妹妹	(N.)	mèimei	younger sister	
6.	年纪	(N.)	niánjì	age	年紀
7.	亿	(Num.)	yì	a hundred million	
8.	来	(V.)	lái	come	來
9.	因为	(Conj.)	yīnwèi	because	因爲
10.	职员	(N.)	zhíyuán	employee, clerk	職員

Cultural Notes

The following diagram shows the terms used for members of a Chinese family.

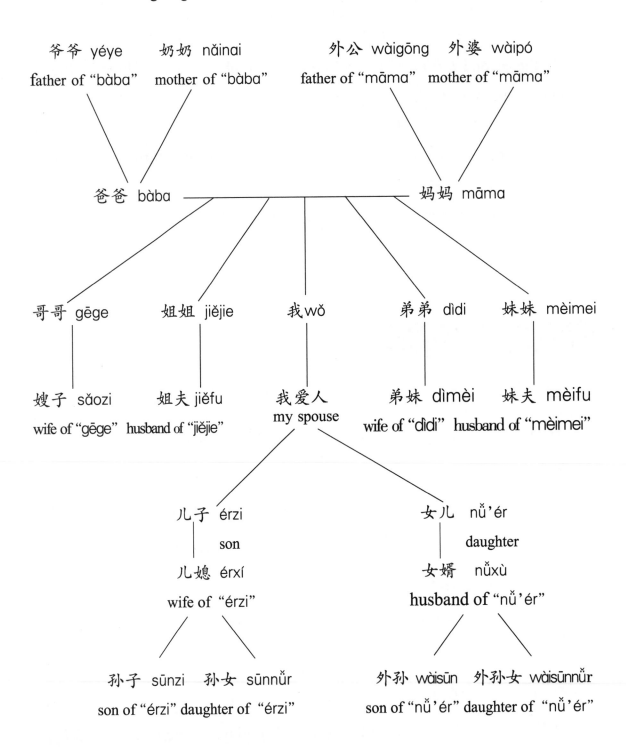

爷爷 yéye father of "bàba"   奶奶 nǎinai mother of "bàba"   外公 wàigōng father of "māma"   外婆 wàipó mother of "māma"

爸爸 bàba   妈妈 māma

哥哥 gēge   姐姐 jiějie   我 wǒ   弟弟 dìdi   妹妹 mèimei

嫂子 sǎozi wife of "gēge"   姐夫 jiěfu husband of "jiějie"   我爱人 my spouse   弟妹 dìmèi wife of "dìdi"   妹夫 mèifu husband of "mèimei"

儿子 érzi son   儿媳 érxí wife of "érzi"   女儿 nǚ'ér daughter   女婿 nǚxù husband of "nǚ'ér"

孙子 sūnzi son of "érzi"   孙女 sūnnǚr daughter of "érzi"   外孙 wàisūn son of "nǚ'ér"   外孙女 wàisūnnǚr daughter of "nǚ'ér"

In China, a married woman keeps her maiden name. Usually the child or children will take the father's surname, but in some cases they may use the mother's. Thus if the father's surname is Mǎ, and the mother's surname is Wáng, a child's surname may be either Mǎ or (much less commonly) Wáng.

When talking about his own wife in the presence of others, the husband may call her "wǒ tàitai", "wǒ àiren" or "wǒ lǎopo". When a wife is talking to others about her husband, she may call him "wǒ xiānsheng" , "wǒ àiren" or "wǒ lǎogōng". When husband and wife address each other, they may call each other by their given names.

In order to control population growth, people in mainland China practice birth control. Generally, each family has only one child, and members of the older generation usually live with their children.

Dì-sì Kè　Zhè Zhāng Dìtú Shì Yīngwén de

第四课　这张地图是英文的

Lesson Four　This Map Is in English

Wǒ kàn yíxià　xíng ma

● 我 看 一下， 行 吗?

Can I have a look?

Zhè zhāng dìtú shì Yīngwén de

● 这 张 地图 是 英文 的。

This map is in English.

Zhè běn cídiǎn fēicháng hǎo fēicháng yǒuyòng

● 这 本 词典 非常 好, 非常 有用。

This dictionary is very good and very useful.

1. 地图	(N.)	dìtú	map	张	地圖
2. 张	(M.W.)	zhāng	a measare word for		
			paper/map/ticket		張
3. 中文	(N.)	Zhōngwén	Chinese language		
4. 英文	(N.)	Yīngwén	English language		
5. 看	(V.)	kàn	look		
6. 一下		yí xià			
7. 行	(V.)	xíng	OK, all right		
8. 要	(V.&Op.V.)	yào	want sth., want (to do sth.), be going to do sth.		
9. 给	(V.)	gěi	give		給
10. 干	(V.)	gàn	do		幹
11. 是的		shìde	yes		
12. 玩儿	(V.)	wánr	play, do sth. for pleasure		玩兒
13. 知道	(V.)	zhīdao	know		
14. 比较	(Adv.)	bǐjiào	comparatively, fairly		比較
15. 真	(Adv.)	zhēn	really		
16. 有意思		yǒu yìsi	interesting		
意思	(N.)	yìsi	meaning		
17. 龙	(N.)	lóng	dragon		龍
18. 山	(N.)	shān	mountain, hill		

19. 词典	(N.)	cídiǎn	dictionary	本	詞典
汉英词典		Hàn-Yīng cídiǎn	Chinese-English dictionary		漢英詞典
英汉词典		Yīng-Hàn cídiǎn	English-Chinese dictionary		英漢詞典
20. 本	(M.W.)	běn	a measure word for books		
21. 谁	(Q.W.)	shéi/shuí	who		誰
22. 请问		qǐng wèn	Excuse me (used to begin a question)		請問
问	(V.)	wèn	ask		問
23. 对	(Adj.)	duì	correct, yes		對
24. 非常	(Adv.)	fēicháng	very, very much		
25. 有用	(Adj.)	yǒuyòng	useful		
26. 能	(Op.V.)	néng	can		
27. 用	(V.)	yòng	use		
28. 当然	(Adv.)	dāngrán	of course		當然

Supplementary Words

29. 书	(N.)	shū	book	本	書
30. 本子	(N.)	běnzi	notebook		
31. 笔	(N.)	bǐ	pen	支	筆
32. 支	(M.W.)	zhī	a measure word for pen		
33. 教室	(N.)	jiàoshì	classroom		
34. 上课		shàngkè	attend class		上課

Proper Names

35. 北京	Běijīng
36. 上海	Shànghǎi
37. 龙山	Lóngshān

课 文 Kèwén **Text**

(一)

Jiang Shan wants to borrow a map of China from Bai Xiaohong.

Jiāng　Shān

江　山：你有没有中国地图[1]？

Bái Xiǎohóng

白小红：有。我有两张[2]中国地图。一张中文[3]的，一张英文[4]的。

Jiāng　Shān　　*Making a request*

江　山：我看[5]一下[6]，行[7]吗？

Bái Xiǎohóng　*Agreeing*

白小红：行。你要[8]中文的还是英文的？

Jiāng　Shān

江　山：英文的。

Bái Xiǎohóng　*Offer*

白小红：给[9]。这张地图是英文的。

Jiāng　Shān

江　山：谢谢！

Bái Xiǎohóng　　　　　*Asking why*

白小红：你看中国地图干[10]什么？你想去中国？

Jiāng　Shān

江　山：是的[11]，我想去中国玩儿[12]。

Bái Xiǎohóng

白小红：那好啊！(unfolding the map)你看，这是北京[35]。

Jiāng　Shān

江　山：我知道[13]。

Bái Xiǎohóng　　　　Shànghǎi

白小红：这是上海[36]。

Jiāng　Shān

江　山：我知道。

Bái Xiǎohóng 、 、 Lóngshān
白小红：这是龙山[37]。

Jiāng Shān Lóngshān 、 - . Lóngshān 、 .
江 山：龙山？不知道。龙山大不大？

Bái Xiǎohóng ∨ ∨ ∨ - ∨
白小红：比较[14]小。我家在那儿。

Jiāng Shān ∨ Exclamation ∨ ∨ . 、 ∨ ∨ .
江 山：这个名字真[15]有意思[16]！那儿有龙[17]吗？

Bái Xiǎohóng 、 ✓ ✓ ✓ ∨ -
白小红：那儿没有龙，只有山[18]。

〰〰〰〰〰〰〰〰〰〰〰〰〰〰〰〰〰〰〰〰〰〰〰〰〰〰〰〰〰〰

Jiāng Shān ∨ ∨ ∨ - ✓ 、 ✓
江 山：你有沒有中國地圖[1]？

Bái Xiǎohóng ∨ ∨ ∨ ∨ - ✓ - . 、 - .
白小红：有。我有兩張[2]中國地圖。一張中文[3]的，一張英文[4]的。

Jiāng Shān ∨ Making a request . ✓ .
江 山：我看[5]一下[6]，行[7]嗎？

Bái Xiǎohóng Agreeing ✓ 、 - . ✓ - .
白小红：行。你要[8]中文的還是英文的？

Jiāng Shān - ✓ .
江 山：英文的。

Bái Xiǎohóng Offer ∨ 、 - . - .
白小红：給[9]。這張地圖是英文的。

江　山：謝謝！

Asking why

白小紅：你看中國地圖幹[10]什麼？你想去中國？

江　山：是的[11]，我想去中國玩兒[12]。

白小紅：那好啊！ (unfolding the map)你看，這是北京[35]。

江　山：我知道[13]。

白小紅：這是上海[36]。

江　山：我知道。

白小紅：這是龍山[37]。

江　山：龍山？不知道。龍山大不大？

白小紅：比較[14]小。我家在那兒。

Exclamation

江　山：這個名字真[15]有意思[16]！那兒有龍[17]嗎？

白小紅：那兒沒有龍，只有山[18]。

Jiāng Shān：　Nǐ yǒu méiyǒu Zhōngguó dìtú?

Bái Xiǎohóng：　Yǒu. Wǒ yǒu liǎng zhāng Zhōngguó dìtú. Yì zhāng

　　　　　　　　Zhōngwén de, yì zhāng Yīngwén de.

Jiāng Shān：　Wǒ kàn yíxia, xíng ma?

Bái Xiǎohóng：　Xíng. Nǐ yào Zhōngwén de háishi Yīngwén de?

Jiāng Shān：　Yīngwén de.

Bái Xiǎohóng：　Gěi. Zhè zhāng dìtú shì Yīngwén de.

Jiāng Shān：　Xièxie!

Bái Xiǎohóng：　Nǐ kàn Zhōngguó dìtú gàn shénme?　Nǐ xiǎng qù

　　　　　　　　Zhōngguó?

Jiāng Shān：　Shìde, Wǒ xiǎng qù Zhōngguó wánr.

Bái Xiǎohóng：　Nà hǎo a!　(unfolding the map)　Nǐ kàn, zhè shì

　　　　　　　　Běijīng.

Jiāng Shān：　Wǒ zhīdao.

Bái Xiǎohóng：　Zhè shì Shànghǎi.

Jiāng Shān：　Wǒ zhīdao.

Bái Xiǎohóng：　Zhè shì Lóngshān.

Jiāng Shān：　Lóngshān?　Bù zhīdao. Lóngshān dà bu dà?

Bái Xiǎohóng：　Bǐjiào xiǎo. Wǒ jiā zài nàr.

Jiāng Shān：　Zhè gè míngzi zhēn yǒu yìsi!　Nàr yǒu lóng ma?

Bái Xiǎohóng：　Nàr méiyǒu lóng, zhǐ yǒu shān.

Jiang Shan: Do you have a map of China?

Bai Xiaohong: Yes, I have two. One is in Chinese, the other is in English.

Jiang Shan: May I have a look?

Bai Xiaohong: Yes, of course. Do you want the Chinese one or the English one?

Jiang Shan: I want the English one.

Bai Xiaohong: Here you are. This map is in English.

Jiang Shan: Thank you.

Bai Xiaohong: Why do you want to look at the map of China? Are you planning to go to China?

Jiang Shan: Yes, I want to take a trip to China.

Bai Xiaohong: Good! (unfolding the map) Look. This is Beijing.

Jiang Shan: I know.

Bai Xiaohong: This is Shanghai.

Jiang Shan: I know.

Bai Xiaohong: This is Longshan.

Jiang Shan: Longshan? I don't know it. Is it a big place?

Bai Xiaohong: No. It's small. My home is there.

Jiang Shan: The name is really interesting! Are there any dragons there?

Bai Xiaohong: No dragons. Only mountains.

Notes:

（一） "一张中文的，一张英文的"

This means "一张中文的中国地图，一张英文的中国地图". The noun in "……的+N." can be omitted sometimes, leaving the structure "……的", which functions as a noun。

（二）"我看一下，行吗"

"V. 一下" frequently indicates an instantaneous act or doing something once quickly. Here it is used to relax the tone in the sentence, expressing a suggestion or proposal. E.g.请你看一下。/请让我想一下。

（三）"给"

"给gěi", *give*, meaning *here you are*.

（四）"这个名字真有意思"

"真......" *truly/really*…, is used commonly in exclamations.

（二）

Jiang Shan and Ma Li are in the classroom.

马 力：这是什么词典[19]？

江 山：汉英词典。

马 力：那本[20]呢？

江 山：英汉词典。

Asking possession

马 力：这两本词典都是你的吗？

江 山：这本汉英词典是我的，那本英汉词典不是我的。

马 力：是谁[21]的？

江 山：不知道。我想，这大概是老师的词典。

(At this moment the teacher Mr. Zhang enters the classroom.)

马 力：老师，请问[22]，这本词典是您的吗？

张老师：对[23]，是我的。

马 力：这本词典怎么样？

Making a comment

张老师：这本词典非常[24]好，非常有用[25]。

Making a request

马 力：我能[26]不能用[27]一下？

张 老师：当然[28]可以。

馬　力： 這是什么詞典[19]？

江　山： 漢英詞典。

馬　力： 那本[20]呢？

江　山： 英漢詞典。

馬　力： 這兩本詞典都是你的嗎？ *Asking possession*

江　山： 這本漢英詞典是我的，那本英漢詞典不是我的。

馬　力： 是誰[21]的？

江　山： 不知道。我想，這大概是老師的詞典。

(At this moment the teacher Mr. Zhang enters the classroom.)

馬　力： 老師，請問[22]，這本詞典是您的嗎？

張老師： 對[23]，是我的。

馬　力： 這本詞典怎麼樣？

張老師： 這本詞典非常[24]好，非常有用[25]。 *Making a comment*

馬　力： 我能[26]不能用[27]一下？ *Making a request*

張老師： 當然[28]可以。

Mǎ Lì: Zhè shì shénme cídiǎn?

Jiāng Shān: Hàn-Yīng cídiǎn.

Mǎ Lì: Nà běn ne?

Jiāng Shān: Yīng-Hàn cídiǎn.

Mǎ Lì: Zhè liǎng běn cídiǎn dōu shì nǐ de ma?

Jiāng Shān: Zhè běn Hàn-Yīng cídiǎn shì wǒ de, nà běn

Yīng-Hàn cídiǎn bú shì wǒ de.

Mǎ Lì: Shì shuí de?

Jiāng Shān: Bù zhīdao. Wǒ xiǎng, zhè dàgài shì lǎoshī de cídiǎn.

(At this moment the teacher Mr. Zhang enters the classroom.)

Mǎ Lì: Lǎoshī, qǐng wèn, zhè běn cídiǎn shì nín de ma?

Zhāng lǎoshī: Duì, shì wǒ de.

Mǎ Lì: Zhè běn cídiǎn zěnmeyàng?

Zhāng Lǎoshī: Zhè běn cídiǎn fēicháng hǎo, fēicháng yǒuyòng.

Mǎ Lì: Wó néng bu néng yòng yíxia?

Zhāng Lǎoshī: Dāngrán kěyǐ.

Ma Li: What dictionary is this?

Jiang Shan: It's a Chinese-English dictionary.

Ma Li: What about that one?

Jiang Shan: An English-Chinese dictionary.

Ma Li: Are these two dictionaries yours?

Jiang Shan: This Chinese-English dictionary is mine but that English-Chinese dictionary is not mine.

Ma Li: Whose dictionary is it?

Jinag Shan: I have no idea. I think it may be the teacher's.

(At this moment the teacher Mr. Zhang enters the classroom.)

Ma Li: Excuse me, Mr. Zhang. Is this your dictionary?

Mr. Zhang: Yes, it's mine.

Ma Li: What do you think of this dictionary?

Mr. Zhang: It's very good and very useful.

Ma Li: May I use it for a moment?

Mr.Zhang: Of course.

Note:

"我能不能用一下？""当然可以"

"能néng"here refers to permission, meaning "可以kěyǐ". But when it indicates permission,"能néng"is usually used in questions and negative sentences.

语 法 Yǔfǎ **Grammar**

Review

Measure Word

As we mentioned before , a measure word should be used between a numeral and a noun. E.g.

两本词典　liǎng běn cídiǎn

Num. + M.W. + N. : 这zhè or那nà can be used before this construction to make it definite; a question is formed by using 哪nǎ

$$\text{这/那/哪} + \text{Num.} + \text{M.W.} + \text{N.}$$

e.g.

你要哪两本词典？这两本还是那两本词典？

Nǐ yào nǎ liǎng běn cídiǎn? Zhè liǎng běn háishi nà liǎng běn cídiǎn?

我不要这两本词典,我要那两本词典。

Wǒ bú yào zhè liǎng běn cídiǎn, wǒ yào nà liǎng běn cídiǎn.

The noun can be omitted. E.g.

我不要这两本,我要那两本。

Wǒ bú yào zhè liǎng běn, wǒ yào nà liǎng běn.

When the numeral is "一", it is often omitted. e.g.

你喜欢哪本? 这本还是那本?

Nǐ xǐhuan nǎ běn? Zhè běn háishi nà běn?

我喜欢这本,不喜欢那本。

Wǒ xǐhuan zhè běn, bù xǐhuan nà běn.

Simple Sentence Patterns

A. Subject + Verb (+ Object). e.g.

我去。Wǒ qù.

我学习汉语。Wǒ xuéxí Hànyǔ.

我是江山的朋友。Wǒ shì Jiāng Shān de péngyou.

我有一张中国地图。Wǒ yǒu yì zhāng Zhōngguó dìtú.

我想去你们学校学习汉语。 Wǒ xiǎng qù nǐmen xuéxiào xuéxí

Hànyǔ.

The negative is formed by putting "不" in front of the verb.

我不去。Wǒ bú qù.

我不是江山的朋友。Wǒ bú shì Jiāng Shān de péngyou.

我不想去你们学校学习汉语。

Wǒ bù xiǎng qù nǐmen xuéxiào xuéxí Hànyǔ.

But the negative form of "有" is "没有". Note that "不有" is not acceptable in Chinese. e.g.

我没有中国地图。

Wǒ méiyǒu Zhōngguó dìtú.

Adverbials should be used before the verb.

我们都在东亚学系学习汉语。

Wǒmen dōu zài Dōngyàxué Xì xuéxí Hànyǔ.

B. Subject + Adjective (adjectives as verbs). e.g.

她的工作不好。 Tā de gōngzuò bù hǎo.

他们学校很大。 Tāmen xuéxiào hěn dà.

那个地方非常小。 Nà gè dìfang fēicháng xiǎo.

这本词典比较有用。 Zhè běn cídiǎn bǐjiào yǒuyòng.

Generally speaking, the verb "是" is not used before adjectives , but adverbs such as "不、很、非常、比较" etc. are often used to modify it.

Words for Reference

1. 课本	(N.)	kèběn	textbook		課本
2. 电脑	(N.)	diànnǎo	computer		電腦
3. 录音机	(N.)	lùyīnjī	recorder		錄音機
4. 录像机	(N.)	lùxiàngjī	VCR		錄像機
5. 台	(M.W.)	tái	a measure word for computer, recorder, VCR, etc.		
6. 磁带	(N.)	cídài	tape		
7. 录像带	(N.)	lùxiàngdài	video tape		錄像帶
8. 盘	(M.W.)	pán	一盘磁带 / 录像带		盤
9. 磁盘	(N.)	cípán	floppy disk		
10. 教师	(N.)	jiàoshī	teacher		教師
11. 语言实验室		yǔyán shíyànshì	language lab		語言實驗室
12. 黑板	(N.)	hēibǎn	blackboard		

Cultural notes

China covers an area of 9,600,000 sq. km. The longest river in China is the Yangzi (Yangtze) River or Chángjiāng; the second longest is the Yellow River Huánghé. China has a population of about 1.3 billion, or about 22% of the world's population.

China is a multi-ethnic country with 56 ethnic groups. The Han group makes up about 93% of the whole population.

According to ancient Chinese legend, dragons (lóng) are winged creatures with huge scaly bodies, feet and horns. They can walk, fly, and swim, and can also create clouds and rain. In China dragons are benevolent creatures and symbolize superhuman power and luck. Modern Chinese people call themselves the descendants of dragons. Drawings of dragons are common in China.

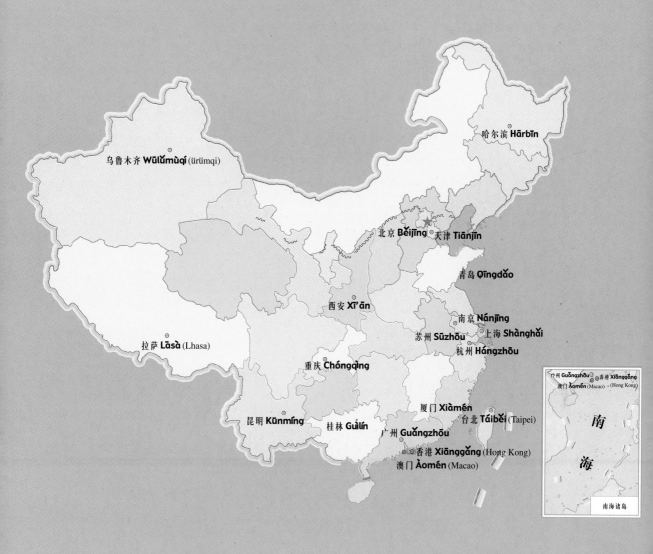

乌鲁木齐 **Wūlǔmùqí** (ürümqi)

哈尔滨 **Hārbīn**

北京 **Běijīng** 天津 **Tiānjīn**

青岛 **Qīngdǎo**

西安 **Xī'ān**

南京 **Nánjīng**

苏州 **Sūzhōu** 上海 **Shànghǎi**

杭州 **Hángzhōu**

拉萨 **Lāsà** (Lhasa)

重庆 **Chóngqìng**

厦门 **Xiàmén**

台北 **Táiběi** (Taipei)

昆明 **Kūnmíng** 桂林 **Guìlín**

广州 **Guǎngzhōu**

香港 **Xiānggǎng** (Hong Kong)

澳门 **Àomén** (Macao)

广州 **Guǎngzhōu** 香港 **Xiānggǎng**

澳门 **Àomén** (Macao) · (Hong Kong)

南海

南海诸岛

Dì-wǔ Kè　Néng bu néng Shì yi shì

第五课　能不能试一试

Lesson Five　May I Try

Wǒ huì shuō yìdiǎnr Hànyǔ

● 我 会 说 一点儿 汉语。

I can speak a little Chinese.

Zhè jiàn bái chènshān duōshao qián

● 这件 白 衬衫 多少 钱?

How much is this white shirt?

Néng bu néng shì yi shì

● 能 不 能 试一试?

May I try?

Nǐmen fàndiàn zuì hǎochī de cài shì shénme

● 你们 饭店 最 好吃 的 菜 是 什么?

What's the most delicious dish in your restaurant?

1. 小姐	(N.)	xiǎojie	Miss	
2. 会	(Op.V.)	huì	can, have the skill (to do sth.)	會
3. 一点儿		yì diǎnr	a little	一點兒
4. 先生	(N.)	xiānsheng	Mr., sir	
5. 买	(V.)	mǎi	buy	買
6. 件	(M.W.)	jiàn	a measure word for coats	
7. 衬衫	(N.)	chènshān	shirt 件	襯衫
8. 白	(Adj.)	bái	white	
9. 钱	(N.)	qián	money	錢
10. 块(元)	(M.W.)	kuài (yuán)	*unit of Renminbi*	塊
11. 太	(Adv.)	tài	excessively, too, more than	
太…了!		tài ... le		
不太…		bú tài ...		
12. 贵	(Adj.)	guì	expensive	貴
13. 红	(Adj.)	hóng	red	紅
14. 便宜	(Adj.)	piányi	cheap	
15. 还	(Adv.)	hái	as well, in addition	還

16. 条	(MW)	tiáo	a measure word for trousers, skirts, roads, rivers, fish, etc.		條
17. 裤子	(N.)	kùzi	trousers, pants 条		裤子
18. 试	(V.)	shì	try		試
19. 那	(Conj.)	nà	in that case...; well then...		

*   *   *   *   *

20. 来	(V.)	lái	come		來
21. 饭店	(N.)	fàndiàn	restaurant		飯店
22. 最	(Adv.)	zuì	the most		
23. 好吃	(Adj.)	hǎochī	delicious		
24. 菜	(N.)	cài	dish		
25. 糖醋鱼		tángcùyú	fish in sweet and sour sauce		糖醋魚
糖	(N.)	táng	sugar		
醋	(N.)	cù	vinegar		
鱼	(N.)	yú	fish 条		魚
26. 吃	(V.)	chī	eat		
27. 辣	(Adj.)	là	peppery, hot		
28. 酸辣汤		suānlàtāng	hot-and-sour soup		酸辣湯
酸	(Adj.)	suān	sour		

汤	(N.)	tāng	soup	湯
29.牛肉	(N.)	niúròu	beef	
牛	(N.)	niú	cattle, ox, cow	
肉	(N.)	ròu	meat	
30.红烧		hóngshāo	cook in soy sauce	紅燒
31.米饭	(N.)	mǐfàn	cooked rice	米飯
32.水饺(饺子)	(N.)	shuǐjiǎo(jiǎozi)	Chinese ravioli	水餃(餃子)
33.等	(V.)	děng	wait	

Supplementary Words

34.东西	(N.)	dōngxi	thing	東西
买东西		mǎi dōngxi	(go) shopping	買東西
35.商店	(N.)	shāngdiàn	shop, store	
36.卖	(V.)	mài	sell	賣
37.衣服	(N.)	yīfu	clothes 件	

(一)

Jack is in China now. Today he goes to a shop to buy clothes. The salesperson, a young woman, greets him in English, but Jack responds in Chinese.

Jiékè
杰 克：你好！

小 姐[1]：哟，您会[2]说汉语？

Jiékè
Expressing ability
杰 克：我会说一点儿[3]。

小 姐：先生[4]想买[5]什么？

Jiékè
Asking price
杰 克：我想买一件[6]衬衫[7]。这件白[8]衬衫多少钱[9]？

小　姐：四百二十八块[10]。

杰　克：太[11]贵[12]了！　那件红[13]衬衫呢？

小　姐：一百六十五块。比较便宜[14]，也比较漂亮。

杰　克：好，我要那一件。

小　姐：您还[15]要买什么？

杰　克：一条[16]裤子[17]。能不能试[18]一试？

小　姐：当然可以。

……

小　姐：怎么样？

杰　克：这条太大。

小　姐：那[19]您试试这条吧，这条不太大。

傑　克：你好！

小　姐[1]：哟，您會[2]説漢語？

傑　克：我會說一點兒[3]。

小　姐：先生[4]想買[5]什麼?

傑　克：我想買一件[6]襯衫[7]。這件白[8]襯衫多少錢[9]?

小　姐：四百二十八塊[10]。

傑　克：太[11]貴[12]了! 那件紅[13]襯衫呢?

小　姐：一百六十五塊。比較便宜[14],也比較漂亮。

傑　克：好,我要那一件。

小　姐：您還[15]要買什麼?

傑　克：一條[16]褲子[17]。能不能試[18]一試?

小　姐：當然可以。

......

小　姐：怎么樣?

傑　克：這條太大。

小　姐：那[19]您試試這條吧,這條不太大。

Jié kè： Nǐ hǎo!

Xiǎojie： Yō, Nín huì shuō Hànyǔ?

Jié kè： Wǒ huì shuō yìdiǎnr.

Xiǎojie： Xiānsheng xiǎng mǎi shénme?

Jié kè： Wǒ xiǎng mǎi yí jiàn chènshān. Zhè jiàn bái chènshān

duōshao qián?

Xiǎojie： Sìbǎi èrshíbā kuài.

Jié kè： Tài guì le! Nà jiàn hóng chènshān ne?

Xiǎojie： Yìbǎi liùshíwǔ kuài. Bǐjiào piányi, yě bǐjiào piàoliang.

Jié kè： Hǎo, wǒ yào nà yí jiàn.

Xiǎojie： Nín hái yào mǎi shénme?

Jié kè： Yì tiáo kùzi. Néng bu néng shì yi shì?

Xiǎojie： Dāngrán kěyǐ.

…………

Xiǎojie： Zěnmeyàng?

Jié kè： Zhè tiáo tài dà.

Xiǎojie： Nà nín shì shi zhè tiáo ba, zhè tiáo bú tài dà.

Jack： Ni hao!

Miss： Oh, you can speak Chinese!

Jack： Yes, I can speak a little.

Miss： What do you want?

Jack： I want to buy a shirt. How much is this white shirt?

Miss： Four hundred and twenty eight yuan.

Jack： That's too expensive. What about that red one?

Miss： One hundred and sixty-five yuan. It's cheaper and looks better.

Jack： All right. I'll take that one.

Miss： What else do you want?

Jack： A pair of pants. May I try them on?

Miss： Of course.

... ...

Miss： How do you like them?

Jack： They are too big.

Miss： Then try these on. They aren't so big.

Notes:

（一）您会说汉语？

A tone of surprise is used here. In such cases "吗 ma" is not added.

Both "能 néng" and "会 huì" can refer to ability. But unlike "能", "会" implies "mastering a skill by means of study". e.g.:

我会用筷子 kuàizi, *chopsticks*。　Wǒ huì yòng kuàizi.

我不会用电脑 diànnǎo, *computer*。　Wǒ bú huì yòng diànnǎo.

（二）"太贵了"、"这条太大"、"这条不太大"

"太……了" indicates a high degree. The stress is normally put on "太" as in "太贵了 tài guì le!" "太便宜了 tài piányi le!". If the adjective is stressed, the last "了" may be omitted, indicating excess, as in "这件衣服太大（了），我不能穿 Zhè jiàn yīfú tài dà (le), wǒ bù néng chuān."

（三）"比较便宜，也比较漂亮"、"您还要买什么"

Chinese "和 hé" is not exactly the same as "and" in English. "和" is used in a very limited way. It is usually used to connect nouns or noun phrases as in "我和他 wǒ hé tā", "中国地图和美国地图 Zhōngguó dìtú hé Měiguó dìtú" but not to connect clauses. e.g.

这件衬衫很便宜，很漂亮。

Zhè jiàn chènshān hěn piányi, hěn piàoliang.

In the above sentence we cannot use "和".

"也 yě" and "还 hái", etc. not only have their own meanings but can also be used to connect clauses. "也" implies similarity between the former and the latter. e.g.

这件衬衫很便宜，也很漂亮。

Zhè jiàn chènshān hěn piányi, yě hěn piàoliang.

"还" indicates supplement or addition. e.g.

我要买一件衬衫，还要买一条裤子。

Wǒ yào mǎi yí jiàn chènshān, hái yào mǎi yì tiáo kùzi.

（四）"您试试这条吧"

In this case "... ...吧" expresses a suggestion or request, e.g.

让我去吧。 Ràng wǒ qù ba.

你去北京吧。Nǐ qù Běijīng ba.

（二）

Bai Xiaohong， Ding Hansheng， Jiang Shan， and Ma Li are having dinner in a restaurant in China Town.

小　姐：请坐。……请喝茶。

Mǎ Lì Jiāng shān Bái Xiǎohóng Dīng Hànshēng
马力、江山、白小红、丁汉生：谢谢！

小　姐：来²⁰一点儿什么？

Mǎ　Lì
马　力：小姐,你们饭店²¹最²²好吃²³的菜²⁴是什么？

小　姐：糖醋鱼²⁵。

Mǎ　Lì
马　力：好,来一个糖醋鱼。

Jiāng　Shān　　*preference*
江　山：我最喜欢吃²⁶辣²⁷的,(to Bai Xiaohong)你能不能吃辣的？

Bái Xiǎohóng　*Expressing ability*
白小红：我能吃一点儿。

Jiāng　Shān
江　山：(to the waitress)来个酸辣汤²⁸。

　　　　suggestion
小　姐：好。要不要来个牛肉²⁹？

Dīng Hànshēng
丁汉生：可以。来一个红烧³⁰牛肉吧。

小　姐：还要什么？

Bái Xiǎohóng
白小红：米饭³¹。

Dīng Hànshēng
丁汉生：水饺³²。

小　姐：好,请等³³一下。

小　姐：請坐。……請喝茶。

^{Mǎ} ^{Lì} ^{Jiāng shān} ^{Bái Xiǎohóng} ^{Dīng Hànshēng}
馬力、江山、白小紅、丁漢生：謝謝！

小　姐：來[20]一點兒什麼？

^{Mǎ} ^{Lì}
馬　力：小姐，你們飯店[21]最[22]好吃[23]的菜[24]是什么？

小　姐：糖醋魚[25]。

^{Mǎ} ^{Lì}
馬　力：好，來一個糖醋魚。

^{Jiāng} ^{Shān} *perference*
江　山：我最喜歡吃[26]辣[27]的，(to Bai Xiaohong)你能不能吃辣的？

^{Bái Xiǎohóng} *Expressing ability*
白小紅：我能吃一點兒。

^{Jiāng} ^{Shān}
江　山：(to the waitress)來個酸辣湯[28]。

小　姐：好。要不要來個牛肉[29]？ *suggestion*

^{Dīng} ^{Hànshēng}
丁漢生：可以。來一個紅燒[30]牛肉吧。

小　姐：還要什麼？

^{Bái Xiǎohóng}
白小紅：米飯[31]。

^{DīngHànshēng}
丁漢生：水餃[32]。

小　姐：好，請等[32]一下。

Xiǎojie： Qǐng zuò. ... Qǐng hē chá.

Mǎ Lì, Jiāng Shān, Bái Xiǎohóng, Dīng Hànshēng： Xièxie!

Xiǎojie： Lái yìdiǎnr shénme?

Mǎ Lì： Xiǎojie, nǐmen fàndiàn zuì hǎochī de cài shì shénme?

Xiǎojie： Tángcùyú.

Mǎ Lì： Hǎo, lái yí gè tángcùyú.

Jiāng Shān： Wǒ zuì xǐhuan chī là de.

(to Bai Xiaohong) Nǐ néng bu néng chī là de?

Bái Xiǎohóng： Wǒ néng chī yìdiǎnr.

Jiāng Shān： (to the waitress) Lái gè suānlàtāng.

Xiǎojie： Hǎo. Yào bu yào lái ge niúròu?

DīngHànshēng：Kěyǐ. Lái yí gè hóngshāo niúròu ba.

Xiǎojie： Hái yào shénme?

Bái Xiǎohóng： Mǐfàn.

DīngHànshēng：Shuǐjiǎo.

Xiǎojie： Hǎo, qǐng děng yíxia.

Miss: Sit down, please.... Have a cup of tea.

Ma Li, Jiang Shan, Bai Xiaohong, Ding Hansheng: Thanks.

Miss: What may I bring you?

Ma Li: Miss, what's the most delicious dish in your restaurant?

Miss: Fish in sweet and sour sauce.

Ma Li: O.K. We want the fish in sweet and sour sauce.

Jiang Shan: I like spicy food the most.

(to Bai Xiaohong) Can you eat spicy food?

Bai Xiaohong: Yes, but only a little.

Jiang Shan: (to the waitress) O.K. I want to order hot-and-sour soup.

Miss: Right. Do you want any beef?

Ding Hansheng: Yes. I would like to have beef braised in soysauce.

Miss: What else do you want?

Bai Xiaohong: Rice.

Ding Hansheng: Dumplings.

Miss: O.K. Wait a minute, please.

Notes:

(一)"来点儿什么"

"来"in this case means "to cause to come", "to bring".

(二)"来一个糖醋鱼"、"要不要来个牛肉"

Here both "糖醋鱼"and"牛肉" refer to dishes, so the measure word should be "个".

(三)"来个酸辣汤"

This is the same as "来一个酸辣汤" "一" having been omitted.

语 音 Yǔyīn   Phonetics

Lexical tones and sentence intonation

Just as every Chinese syllable has its own tone, Chinese sentences have distinct tonal patterns. As in English, the rising tone is used in Yes-or-No questions in Chinese while the falling tone is used in statements. But if the last syllable of a yes-or-no question sentence is in the falling tone, or, if the last syllable of a statement is in the rising tone, what do we do? What do we use at the end of the sentence, the rising tone or the falling tone?

Actually the sentence tone is like a large wave with many smaller waves on its surface. the overall sentence tone does not completely change the tones of individual words. Otherwise their meaning would change. Listen to the tape:

(1) 这是汤。Zhè shì tāng.

(2) 这是糖。Zhè shì táng.

语法 Yǔfǎ **Grammar**

The reduplication of verbs

Some verbs indicating actions and active thinking processes can be reduplicated. The reduplicated form of monosyllabic verbs is "A (一)A" such as 看(一)看 kàn (yi) kan, 想(一)想 xiǎng (yi) xiang, 试(一)试 shì (yi) shi. The reduplicated form of disyllabic verbs is ABAB, e.g.

学习学习 xuéxi xuéxi, 认识认识 rènshi rènshi.

The reduplieation of verbs denotes short duration of actions. It can also express an attempt. In the sentences expressing a suggestion or proposal it can relax the tone, just like the pattern V. + 一下 yíxia. e.g.

我可以看(一)看你的中国地图吗?

Wǒ kěyǐ kàn (yi) kan nǐ de Zhōngguó dìtú ma?

请等一下,让我想(一)想。

Qǐng děng yíxia, ràng wǒ xiǎng (yi) xiang.

我想跟你的同学们认识认识,可以吗?

Wǒ xiǎng gēn nǐ de tóngxuémen rènshi rènshi, kěyǐ ma?

Attributives

Elements which modify and limit nouns are known as attributives. In Chinese, attributives always precede the noun.

Attrib.+N.

e.g.

我的 中国 地图 wǒ de Zhōngguó dìtú

那件 红 衬衫 nà jiàn hóng chènshān

我们饭店 最好吃的 菜 wǒmen fàndiàn zuì hǎochī de cài

If the attributive implies a possessive relation, "的" is often used, as in 老师的词典 lǎoshī de cídiǎn, 饭店的名字 fàndiàn de míngzi. Sometimes "的" may be omitted as in 我妈妈 wǒ māma, 我同学 wǒ tóngxué, 我家 wǒ jiā, 你们学校 nǐmen xuéxiào, 我们饭店 wǒmen fàndiàn.

When a monosyllabic adjective is used as an attributive, "的" is often omitted as in 好人 hǎo rén, 大饭店 dà fàndiàn, 红衬衫 hóng chènshān. Otherwise "的" is often used as in 好吃的菜 hǎochī de cài, 漂亮的地方 piàoliang de dìfang. If the adjective is modified by an adverb, "的" should also be used, as in 非常好的人 fēicháng hǎo de rén, 比较大的饭店 bǐjiào dà de fàndiàn, 很红的衬衫 hěn hóng de chènshān.

1. 穿	(V.)	chuān	wear, put on	
2. 颜色	(N.)	yánsè	colour	顏色
3. 蓝	(Adj.)	lán	blue	
4. 绿	(Adj.)	lǜ	green	
5. 黄	(Adj.)	huáng	yellow	
6. 黑	(Adj.)	hēi	black	
7. 人民币		Rénmínbì	name of the Chinese currency	人民幣
8. 角(毛)	(M.W.)	jiǎo (máo)	1 mao = 10 cents	
9. 分	(M.W.)	fēn	cent	
10. 鸡	(N.)	jī	chicken	鷄
11. 猪	(N.)	zhū	pig	豬
12. 酒	(N.)	jiǔ	alcoholic drink	
13. 甜	(Adj.)	tián	sweet	
14. 咸	(Adj.)	xián	salty	
15. 唐人街(中国城)		Tángrén jiē (Zhōngguó chéng)	China town	

There are many places for Chinese people to go shopping: stores of various sizes, specialty shops, supermarkets, and all sorts of open-air markets. For grocery shopping, Chinese people generally go to farmers' markets. Shops may be state-owned or privately owned. There are many stalls in open markets and farmers' markets, and all kinds of goods are sold there. It can be rather crowded and noisy in these places, and bargaining is very common.

If we suggest that a friend eat together with us in a restaurant, it normally means that we will play host and "treat" the friend. One often sees several people struggling to pay the bill in Chinese restaurants. Based on the traditional spirit of "ritualized interaction", the one who does not pay this time will pay the next time. Some young people have adopted the practice of "going Dutch" (AA zhì), but this is not common.

Whether shopping or dining in China, there is no tax to be paid on top of the purchase price, because tax is already included. In most cases, no tipping is necessary or expected.

Dì–Liù Kè　Míngtiān Dǎsuàn Gàn Shénme

第六课　明天打算干什么

Lesson Six　What Are You Going to Do Tomorrow

Míngtiān xīngqīliù
● 明天 星期六。
Tomorrow is Saturday.

Wǒ míngtiān wǎnshang yǒu yí gè yuēhuì
● 我 明 天 晚 上 有 一 个 约会。
I have a date tomorrow evening.

Wǒ xiǎng qǐng nǐ hē kāfēi
● 我 想 请 你 喝咖啡。
I'd like to invite you to drink coffee.

Míngtiān wǎnshang bā diǎn yí kè wǒ qù jiē nǐ
● 明 天 晚 上 八 点 一 刻 我 去 接 你。
I'll pick you up at 8:15 p.m. tomorrow evening.

1. 明天	(T.W.)	míngtiān	tomorrow	
2. 星期六	(T.W.)	xīngqīliù	Saturday	
星期	(N.)	xīngqī	week	
3. 打算	(V.&N.)	dǎsuàn	plan	
4. 打工		dǎ gōng	work as casual worker for somebody	
5. 晚上	(T.W.)	wǎnshang	evening	
6. 约会	(N.)	yuēhuì	date, appointment, engagement	約會
7. 白天	(T.W.)	báitiān	daytime	
8. 家里	(P.W.)	jiāli	at home	家裏
里	(L.W.)	lǐ	in, inside	裏
9. 休息	(V.)	xiūxi	rest	
10. 打球		dǎ qiú	play (basketball/ volleyball/ hockey/…)	
球	(N.)	qiú	ball (basketball/ volleyball/ …)	
11. 跟……一起		gēn …yìqǐ	together with…	
跟	(Prep.)	gēn	with	
一起	(Adv.)	yìqǐ	together	

12. 电视	(N.)	diànshì	TV	電視

* * * * *

13. 位	(M.W.)	wèi	a measure word used for people when showing politeness	
14. 事儿	(N.)	shìr	matter, affair, thing, business 件	事兒
15. 咖啡	(N.)	kāfēi	coffee	
16. 时候	(N.)	shíhou	time	時候
什么时候		shénme shíhou	what time, when	什麼時候
17. 今天	(T.W.)	jīntiān	today	
18. 忙	(Adj.)	máng	busy	
19. 做	(V.)	zuò	do	
20. 功课	(N.)	gōngkè	schoolwork, homework	功課
21. 对不起		duìbuqǐ	sorry	對不起
22. 没关系		méi guānxi	it doesn't matter, it's OK	沒關系
23. 空儿	(N.)	kòngr	free time, spare time	
24. 点(钟)	(M.W.)	diǎn(zhōng)	o'clock	點(鐘)
25. 半	(Num.)	bàn	half	
26. 见面		jiàn miàn	meet (each other)	見面
27. 刻	(M.W.)	kè	quarter (of an hour)	
28. 接	(V.)	jiē	go to meet/welcome sb. and take him to some place	
29. 再见	(V.)	zàijiàn	goodbye	再見

Supplementary Words

30. 现在	(T.W.)	xiànzài	now
31. 分	(M.W.)	fēn	minute
32. 早上	(T.W.)	zǎoshang	early morning
33. 上午	(T.W.)	shàngwǔ	morning
35. 下午	(T.W.)	xiàwǔ	afternoon

课 文 Kèwén Text

(一)

Bai Xiaohong and the others are talking about what they are going to do during the weekend.

Bái Xiǎohóng
白小红：明天¹ 星期² 六，我们都不上课。你们打算³ 干什么？

Jiāng Shān
江 山：我明天要去打工⁴。

Intention

Wáng Yīng
王 英：我明天晚上⁵ 有一个约会⁶。

Bái Xiǎohóng
白小红：白天⁷ 呢？

Wáng Yīng
王 英：在家里⁸ 休息⁹。你呢？

Bái Xiǎohóng
白小红：我想去打球¹⁰，你们去不去？

Invitation

Mǎ Lì
马 力：我跟你一起¹¹ 去。

Bái Xiǎohóng   Wáng Yīng
白小红：好啊。王英，你去不去？

Wáng Yīng
王 英：不去。我不喜欢打球。

Preference

Bái Xiǎohóng
白小红：那你喜欢干什么？

Wáng Yīng
王 英：我喜欢在家里看电视¹²。

白小紅：明天 [1] 星期 [2] 六，我們都不上課。你們打算 [3] 幹什麼？

江　山：我明天要去打工 [4]。

Intention

王　英：我明天晚上 [5] 有一個約會 [6]。

白小紅：白天 [7] 呢？

王　英：在家裏 [8] 休息 [9]。你呢？

Invitation

白小紅：我想去打球 [10]，你們去不去？

馬　力：我跟你一起 [11] 去。

白小紅：好啊。王英，你去不去？

Preference

王　英：不去。我不喜歡打球。

白小紅：那你喜歡幹什麼？

王　英：我喜歡在家裏看電視 [12]。

Bái Xiǎohóng: Míngtiān xīngqīliù, wǒmen dōu bú shàng kè.

Nǐmen dǎsuàn gàn shénme?

Jiāng   Shān: Wǒ míngtiān yào qù dǎ gōng.

Wáng   Yīng: Wǒ míngtiān wǎnshang yǒu yí gè yuēhuì.

Bái Xiǎohóng: Báitiān ne?

Wáng   Yīng: Zài jiā li xiūxi. Nǐ ne?

Bái Xiǎohóng: Wǒ xiǎng qù dǎ qiú, nǐmen qù bu qù?

Mǎ   Lì: Wǒ gēn nǐ yìqǐ qù.

Bái Xiǎohóng: Hǎo a. Wáng Yīng, nǐ qù bu qù?

Wáng   Yīng: Wǒ bú qù. Wǒ bù xǐhuan dǎ qiú.

Bái Xiǎohóng: Nà nǐ xǐhuan gàn shénme?

Wáng   Yīng: Wǒ xǐhuan zài jiāli kàn diànshì.

English Translation

Bai Xiaohong: Tomorrow is Saturday. We won't have classes.

What are you going to do?

Jiang Shan: I'm going to work tomorrow.

Wang Ying: I have a date tomorrow evening.

Bai Xiaoying: What will you do during the day?

Wang Ying :   I'll stay at home and rest. How about you?

Bai Xiaohong: I'm going to play ball. Will you go with me?

Ma Li: I'll go with you.

Bai Xiaohong: Great. Wang Ying, will you go?

Wang Ying: No, I won't. I don't like playing ball.

Bai Xiaohong: Then, what do you like?

Wang Ying: I like watching TV at home.

Note:

"明天星期六"

This is the same as "明天是星期六 Míngtiān shì xīngqīliù ". The verb "是 shi" is often omitted when talking about the time, the day of the week or the date.

The question form is 明天星期几 míngtiān xīngqī jǐ?

(二)

Ma Li is making a phone call to invite Bai Xiaohong to drink coffee. Bai Xiaohong answers the telephone.

Bái Xiǎohóng　　wèi
白小红：喂！

Mǎ　　Lì　　ˋ　Xiǎohóng .
马　力：是小红吗？

Bái Xiǎohóng　ˋ ˇ ˊ ˇ ˋ
白小红：是我，您哪位 13？

Mǎ　　Lì　ˇ ˋ Mǎ Lì
马　力：我是马力。

Bái Xiǎohóng　a ˇ Mǎ ya ˇ ˇ ˊ . ˋ
白小红：啊，小马呀，你好！什么事儿 14？

Mǎ　　Lì　ˇ ˇ ˇ *Invitation* — — —
马　力：我想请你一起去喝咖啡 15。

Bái Xiǎohóng　*asking when*
白小红：什么时候 16？

Mǎ　　Lì　- - ˇ . ˊ .
马　力：今天 17 晚上。行吗？

Bái Xiǎohóng　ˋ ˊ - - ˇ · ˇ *declining* ˇ ˋ ˇ - - ˇ
白小红：不行，今天晚上我不能跟你一起喝咖啡。今天晚

　　　　 . ˇ ˇ ˇ ˇ ˋ ˋ ˊ ˇ ˋ - ˋ
　　　　上我很忙 18，我要去看一位朋友，还要做 19 功课 20。
　　　　Apology
　　　　对不起 21！

Mǎ　　Lì　ˊ - . *Suggestion* ˇ . ˋ
马　力：没关系 22。明天晚上怎么样？

Bái Xiǎohóng　ˊ - . ˇ ˇ ˋ *Asking when*
白小红：明天晚上我有空儿 23。几点钟 24？

马 力：八点半 25，行吗？

白小红：行。在哪儿见面 26？

马 力：明天晚上八点一刻 27 我去接 28 你。

白小红：好吧。谢谢！

马 力：再见 29！

白小红：再见！

白小红：喂！

馬 力：是小紅嗎？

白小红：是我，您哪位 13？

馬 力：我是馬力。

白小红：啊，小馬呀，你好！什麼事兒 14？

馬 力：我想請你一起去喝咖啡 15。

白小紅：什麼時候 ¹⁶？

Mǎ　Lì

馬　力：今天 ¹⁷ 晚上。行嗎？

Bái Xiǎohóng　　　　　　　　　　　　　　　*declining*

白小紅：不行，今天晚上我不能跟你一起喝咖啡。今天
　　　　晚上我很忙 ¹⁸，我要去看一位朋友，還要做 ¹⁹ 功課 ²⁰。
　　　　Apology
　　　　對不起 ²¹！

Mǎ　Lì　　　　　　　　*Suggestion*

馬　力：沒關係 ²²。明天晚上怎麼樣？

Bái Xiǎohóng　　　　　　　　*Asking when*

白小紅：明天晚上我有空兒 ²³。幾點鐘 ²⁴？

Mǎ　Lì

馬　力：八點半 ²⁵，行嗎？

Bái Xiǎohóng　　*Asking when*

白小紅：行。在哪兒見面 ²⁶？

Mǎ　Lì

馬　力：明天晚上八點一刻 ²⁷ 我去接 ²⁸ 你。

Bái Xiǎohóng

白小紅：好吧。謝謝！

Mǎ　Lì

馬　力：再見 ²⁹！

Bái Xiǎohóng

白小紅：再見！

Bái Xiǎohóng: Wèi!

Mǎ Lì: Shì Xiǎohóng ma?

Bái Xiǎohóng: Shì wǒ, nín nǎ wèi?

Mǎ Lì: Wǒ shì Mǎ Lì.

Bái Xiǎohóng: A, shì Xiǎo Mǎ ya, Nǐ hǎo! Shénme shìr?

Mǎ Lì: Wǒ xiǎng qǐng nǐ yìqǐ qù hē kāfēi.

Bái Xiǎohóng: Shénme shíhou?

Mǎ Lì: Jīntiān wǎnshang, xíng ma?

Bái Xiǎohóng: Bù xíng. Jīntiān wǎnshang wǒ bù néng gēn nǐ yìqǐ hē
kāfēi. Jīntiān wǎnshang wǒ hěn máng, wǒ yào qù kàn
yí wèi péngyou, hái yào zuò gōngkè. Duìbuqǐ!

Mǎ Lì: Méi guānxi. Míngtiān wǎnshang zěnmeyàng?

Bái Xiǎohóng: Míngtiān wǎnshang wǒ yǒu kòngr. Jǐ diǎnzhōng?

Mǎ Lì: Bā diǎn bàn, xíng ma?

Bái Xiǎohóng: Xíng. Zài nǎr jiànmiàn?

Mǎ Lì: Míngtiān wǎnshàng bā diǎn yí kè wǒ qù jiē nǐ.

Bái Xiǎohóng: Hǎo ba. Xièxie!

Mǎ Lì: Zàijiàn!

Bái Xiǎohóng: Zàijiàn!

Bai Xiaohong: Hello.

Ma Li: Is that Xiaohong?

Bai Xiaohong: Yes, who is calling?

Ma Li: This is Ma Li.

Bai Xiaohong: Hi Ma Li. What's up?

Ma Li: I would like to invite you to go and have coffee with me .

Bai Xiaohong: When?

Ma Li: This evening. It that OK?

Bai Xiaohong: No, I can't have coffee with you this evening. I'm busy. I will go see a friend and have to do my homework. I'm sorry!

Ma Li: That's all right. How about tomorrow evening?

Bai Xiaohong: I am free tomorrow evening. What time?

Ma Li: Will 8:30 p.m. be O.K.?

Bai Xiaohong: All right. Where shall we meet?

Ma Li: I will pick you up at 8:15 p.m. tomorrow evening.

Bai Xiaohong: That's good. Thank you.

Ma Li: See you then.

Bai Xiaohong: See you.

Note :

　　"请你喝咖啡"

　　" 请 + somebody + do something"　　means *ask/ invite somebody to do*

something.

Expressions of time （Ⅰ）

Week	星期	星期一	xīngqīyī	Monday
		星期二	xīngqī'èr	Tuesday
		星期三	xīngqīsān	Wednesday
		星期四	xīngqīsì	Thursday
		星期五	xīngqīwǔ	Friday
		星期六	xīngqīliù	Saturday
		星期天/星期日	xīngqītiān/xīngqīrì	Sunday

Time of clock:

2:00   liǎng   diǎn

            liǎng   diǎnzhōng

2:05   liǎng diǎn líng wǔ fēn

2:10   liǎng diǎn shí fēn

2:15   liǎng   diǎn   shí wǔ fēn

         liǎng   diǎn   yí   kè

2:30   liǎng diǎn sānshí   fēn

           liǎng diǎn bàn

2:45   liǎng diǎn sìshíwǔ fēn

           liǎng diǎn sān kè

           sān diǎn chà yí kè

           chà yí kè sān diǎn

2:55   liǎng diǎn wǔshíwǔ fēn

           sān diǎn chà wǔ fēn

           chà wǔ fēn sān diǎn

As with place words, time expressions are arranged from the largest unit to the smallest, precisely the opposite of English.

The largest ⟶ the smallest

e.g.

明天下午三点半

míngtiān xiàwǔ sān diǎn bàn

3:30 tomorrow afternoon

星期六上午九点三刻

xīngqīliù shàngwǔ jiǔ diǎn sān kè

9:45 Saturday morning

Adverbials

Elements which modify or limit verbs or adjectives are known as adverbials. In Chinese adverbials should be put before verbs or adjectives.

Adverbial + V. / Adj.

Adverbs, prepositional phrases, place expressions or time expressions are commonly used as adverbials.

A.   Adverb + V. / Adj.

这两本词典都是你的吗?

Zhè liǎng běn cídiǎn dōu shì nǐ de ma?

他<u>非常</u>忙，我<u>不太</u>忙。

Tā fēicháng máng, wǒ bú tài máng.

B. Prepositional phrase + V. / A.

我<u>跟你</u>一起去吧。

Wǒ gēn nǐ yìqǐ qù ba.

我可以<u>给你</u>打电话吗？

Wǒ kěyǐ gěi nǐ dǎ diànhuà ma?

C. Place expressions / time expressions + V. / A.

我们<u>八点半</u>上课。

Wǒmen bā diǎn bàn shàng kè.

我们<u>明天晚上在咖啡馆</u>见面。

（<u>明天晚上</u>我们<u>在咖啡</u>馆见面。）

Wǒmen míngtiān wǎnshang zài kāfēiguǎn jiànmiàn.

(Míngtiān wǎnshang wǒmen zài kāfēiguǎn jiànmiàn.)

Words for reference

1. 啤酒	(N.)	píjiǔ	beer
2. 咖啡馆	(N.)	kāfēiguǎn	cafe
3. 篮球	(N.)	lánqiú	basketball
4. 网球	(N.)	wǎngqiú	tennis
5. 橄榄球	(N.)	gǎnlǎnqiú	rugby
6. 曲棍球	(N.)	qūgùnqiú	field hockey
7. 冰球	(N.)	bīngqiú	ice hockey
8. 排球	(N.)	páiqiú	volleyball
9. 羽毛球	(N.)	yǔmáoqiú	badminton
10. 乒乓球	(N.)	pīngpāngqiú	table tennis
11. 足球	(N.)	zúqiú	soccer, football
12. 昨天	(T.W.)	zuótiān	yesterday
13. 前天	(T.W.)	qiántiān	the day before yesterday
14. 后天	(T.W.)	hòutiān	the day after tomorrow
15. 夜里	(T.W.)	yèli	night
16. 上网		shàng wǎng	log onto the Internet

Cultural Notes

The ways Chinese address relatives are fairly complex. Members of the younger generation do not address their elders by their given names. Elders must be addressed according to their relation; for example, "younger uncle, shūshu", "elder uncle, bóbo", etc. Elders may address the younger generation directly, using their given names. Among people of the same generation, older individuals use given names to address those younger than them, but younger persons generally address those older than them with relation terms such as "oldest brother, dàgē", "second elder sister, èrjiě", etc.

Addressing friends, schoolmates and colleagues is more casual. To address older associates, we use terms such as "old Zhang, lǎo Zhāng", "old Li, lǎo Lǐ", etc. To address people younger than oneself, one can use "young Zhang, xiǎo Zhāng", "young Li, xiǎo Lǐ", etc., or we may just use their names. Another way to address people is according to profession or social status. For example, "Mr. Zhang, Zhāng xiānsheng", "Manager Zhang, Zhāng jīnglǐ", "Instructor Zhang, Zhāng lǎoshī", "Professor Zhang, Zhāng jiàoshòu", "Mayor Zhang, Zhāng shìzhǎng", "Master Zhang, Zhāng shīfu", "Police Officer Zhang, Zhāng jǐngguān", etc.

To address people we do not know, we can use "Sir, xiānsheng", "Miss, xiǎojie", or "Master, shīfu". Sometimes, we also use terms for addressing relatives such as "older uncle, dàye" (dàbó), "older aunt, dàmā", "auntie, āyí" or "younger uncle, shūshu", etc.

Telephones are playing an increasingly important role in Chinese families now. In cities, almost all families have telephones, and many people are now using e-mail (diànzǐ yóujiàn) . More and more people are becoming too busy to write letters. In cities, there are a lot of public telephone booths, so that people can make calls with phone cards for sale in post offices or special phone card booths. In towns, public telephones (gōngyòng diànhuà) are frequently found in small shops. These phones take one yuan coins. Sometimes the cost of a call is calculated according to the length of time involved. When one finishes using the phone, the shop owner will collect a fee. Many of these can only be used for local phone calls (shìnèi diànhuà) . Some may be used for long distance calls (chángtú diànhuà) meaning between cities within China, and some are available for international long distance calls (guójì diànhuà) .

Many people now own cellular telephones (shǒujī) or beepers (BP jī, kāojī or hūjī)

Dì-qī Kè　Nǐ Shénme Shíhou Huílai

第七课　你什么时候回来

Lesson Seven　　When Will You Come Back

Wǒ dǎsuàn qī yuè yī hào yǐqián huílai
- 我 打算 七 月 一 号 以前 回来。
I will come back before July 1st.

Wǒ yǒudiǎnr dānxīn
- 我 有点儿 担心。
I'm a little worried.

Qǐngwèn kěyǐ jìnlai ma
- 请问，可以 进来 吗?
Excuse me, may I come in?

Tā shòushòu de gāogāo de
- 她 瘦瘦 的，高高 的。
She is thin and tall.

1. 放假		fàng jià	take a vacation	
2. 月		yuè	month	
3. 下旬	(T.W.)	xiàxún	(during) the last ten days of a month	
4. 以后	(T.W.)	yǐhòu	after, later	以後
5. 旅行	(V.)	lǚxíng	travel	
6. 中旬	(T.W.)	zhōngxún	(during) the middle ten days of a month	
7. 或者	(Conj.)	huòzhě	or	
8. 回来	(D.V.)	huílai	come back	回來
回	(D.V.)	huí	be back (to a place)	
9. 号(日)		hào(ri)	date	號
10. 以前	(T.W.)	yǐqián	before, ago	
11. 可是	(conj.)	kěshì	but	
12. 有点儿	(Adv.)	yǒudiǎnr	a little	有點兒
13. 担心	(V.)	dānxīn	worry	擔心
14. 别	(Adv.)	bié	don't (asking sb. not to do sth.)	
15. 帮助	(V.&N.)	bāngzhù	help	幫助

16. 进来	(D.V.)	jìnlai	come in		進來
进	(D.V.)	jìn	enter		進
17. 找	(V.)	zhǎo	look for, want to see		
18. 戴	(V.)	dài	wear (a pair of glasses/ a tie/ a watch…)		
19. 副	(M.W.)	fù	a measure word for spectacles, gloves, etc.		
20. 眼镜	(N.)	yǎnjìng	glasses, spectacles	副	眼鏡
21. 每	(Pron.)	měi	every		
22. 瘦	(Adj.)	shòu	thin, emaciated, lean		
23. 高	(Adj.)	gāo	tall, high		
24. 头发	(N.)	tóufa	hair		頭髮
25. 长	(Adj.)	cháng	long		長
26. 穿	(V.)	chuān	wear		
27. 牛仔裤	(N.)	niúzǎikù	jeans	条	牛仔褲
28. 刚	(Adv.)	gāng	only a short time ago, just		剛
29. 出去	(V.)	chūqu	go out		
出	(V.)	chū	come/ go out		
30. 过	(V.)	guò	cross, pass, past		過
31. 一会儿	(T.W.)	yíhuìr	a short while		一會兒

32. 再	(Adv.)	zài	again

Supplementary Words

33. 上	(N.&D.V.)	shàng	above, over, up, go/come up
34. 下	(N.&D.V.)	xià	below, under, down, go/come down
35. 今年	(T.W.)	jīnnián	this year

Proper Names

36. 四川		Sìchuān	
37. 云南		Yúnnán	雲南

课 文　Kèwén　Text

(一)

Ding Hansheng and Jiang Shan are chatting. Jiang Shan is going to travel to China with his girlfriend.

Dīng Hànshēng
丁汉生：你们什么时候放假[1]？

Jiāng　Shān
江　山：四月[2]下旬[3]。

Dīng Hànshēng
丁汉生：放假以后[4]你打算干什么？

Jiāng　Shān
江　山：我想去中国旅行[5]。

Dīng Hànshēng
丁汉生：要去很多地方吧？

Jiāng　Shān
江　山：是啊，北京、上海、四川、云南……

Dīng Hànshēng
丁汉生：什么时候去？

jiāng　Shān
江　山：五月中旬[6]或者[7]下旬。

Dīng Hànshēng
丁汉生：什么时候回来[8]？

jiāng　Shān
江　山：我打算七月一号[9]以前[10]回来。

Dīng Hànshēng
丁汉生：你一个人去吗？

jiāng　Shān
江　山：不，跟我的女朋友一起去。可是[11]，我们的汉语不太好，

我有点儿 [12] 担心 [13]。

丁汉生： 你别 [14] 担心。我在北京、上海、四川都有朋友,可以请他们帮助 [15] 你。

丁漢生： 你們什麼時候放假 [1]?

江　山： 四月 [2] 下旬 [3]。

丁漢生： 放假以後 [4] 你打算幹什麼?

江　山： 我想去中國旅行 [5]。

丁漢生： 要去很多地方吧?

江　山： 是啊,北京、上海、四川、雲南……

丁漢生： 什麼時候去?

江　山： 五月中旬 [6] 或者 [7] 下旬。

丁漢生 Dīng Hànshēng：什麼時候回來[8]？

江　山 jiāng Shān：我打算七月一號[9]以前[10]回來。

丁漢生 Dīng Hànshēng：你一個人去嗎？

江　山 jiāng Shān：不，跟我的女朋友一起去。可是[11]，我們的漢語不太好，

我有點兒[12]擔心[13]。

丁漢生 Dīng Hànshēng：你別[14]擔心。我在北京、上海、四川都有朋友，可以请

他們幫助[15]你。

Pinyin Text

Dīng Hànshēng:	Nǐmen shénme shíhou fàng jià?
Jiāng　　Shān:	Sì yuè xiàxún.
Dīng Hànshēng:	Fàng jià yǐhòu nǐ dǎsuàn gàn shénme?
Jiāng　　Shān:	Wǒ xiǎng qù zhōngguó lǚxíng.
Dīng Hànshēng:	Yào qù hěn duō dìfang ba?
Jiāng　　Shān:	Shì a. Běijīng, Shànghǎi, Sìchuān, Yúnnán…
Dīng Hànshēng:	Shénme shíhou qù?
Jiāng　　Shān:	Wǔ yuè zhōngxún huòzhě xiàxún.
Dīng Hànshēng:	Shénme shíhou huílai?

Jiāng   Shān: Wǒ dǎsuàn qī yuè yī hào yǐqián huílai.

Dīng Hànshēng: Nǐ yí gè rén qù ma?

Jiāng   Shān: Bù, gēn wǒ de nǚ péngyou yìqǐ qù.Kěshì,

wǒmen de Hànyǔ bú tài hǎo,wǒ yǒudiǎnr

dānxīn.

Dīng Hànshēng: Nǐ bié dānxīn. Wǒ zài Běijīng, Shànghǎi,

Sìchuān dōu yǒu péngyou, kěyǐ qǐng tāmen

bāngzhù nǐ.

English   Translation

Ding Hansheng: When does your vacation start?

Jiang   Shan: During the last ten days of April.

Ding Hansheng: What are you going to do during the vacation?

Jiang   Shan: I'm going to travel to China.

Ding Hansheng: You will go to many places, won't you?

Jiang   Shan: Yes, I'll go to Beijing, Shanghai, Sichuan, Yunnan……

Ding Hansheng: When will you go?

Jiang   Shan: During the middle ten days or the last ten days of May.

Ding Hansheng: When will you come back?

Jiang   Shan: I'll come back before July 1ˢᵗ.

Ding Hansheng: Will you go alone?

Jiang   Shan: No, I'll go with my girlfriend. But, our Chinese is poor. I

am a little worried.

Ding Hansheng: Don't worry. I have friends in Beijing, Shanghai and

Sichuan. You can ask them for help.

Notes:

（一）"放假以后你打算干什么"、"七月一号以前回来"

"（……）以后"means *after*…, "（……）以前"means *before* …

e.g.

以前, 我不会说汉语。　Yǐqián, wǒ bú huì shuō Hànyǔ.

我七点钟以前回来。　Wǒ qī diǎnzhōng yǐqián huí lai.

来这儿以前, 他在北京工作。Lái zhèr yǐqián, tā zài Běijīng gōngzuò.

以后, 我想去北京工作。　Yǐhòu, wǒ xiǎng qù Běijīng gōngzuò.

我七点钟以后回来。　　Wǒ qī diǎnzhōng yǐhòu huílai.

来这儿以后, 他在我们大学学习。Lái zhèr yǐhòu, tā zài wǒmen

dàxué xuéxí.

（二）"五月中旬或者下旬"

Both "还是" and "或者" mean "or", but "还是" is usually used in questions while "或者" is used in statements. Other examples:

你打算这个月去还是下个月去?

Nǐ dǎsuàn zhè ge yuè qù háishi xià ge yuè qù?

Will you go this month or next month?

我打算这个月去或者下个月去。

Wǒ dǎsuàn zhè ge yuè qù huòzhě xià ge yuè qù.

I will go this month or next month.

你要茶还是咖啡?

Nǐ yào chá háishi kāfēi?

Do you want tea or coffee?

茶或者咖啡都可以。

Chá huòzhě kāfēi dōu kěyǐ.

Either is fine.

（三）"我有点儿担心"

Both "一点儿" and "有点儿" mean "a little", but "一点儿" usually modifies nouns denoting quantity. e.g. "我会说一点儿汉语 Wǒ huì shuō yìdiǎnr Hànyǔ", "我要喝一点儿茶 wǒ yào hē yìdiǎnr chá". While "有点儿" is an adverb which modifies adjectives or verbs denoting degree. E.g. "他今天有点儿不高兴 Tā jīntiān yǒudiǎnr bù gāoxìng", "这件衬衫有点儿贵 zhè jiàn chènshān yǒudiǎnr guì".

（二）

Jack works and studies Chinese in Beijing. Today he goes to visit his Chinese teacher —— Miss Wang.

杰 克：请问，可以进来 [16] 吗？

老 师：你找 [17] 谁？

杰 克：我找王老师。

老 师：哪位王老师？我们这儿有两位王老师。

杰 克：我不知道她叫什么名字。她是女的。

老 师：这儿的老师都是女的。

杰 克：她戴 [18] 一副 [19] 眼镜 [20]。

老 师：在我们这儿，每 [21] 位老师都戴眼镜。

杰 克：她瘦 [22] 瘦的，高 [23] 高的，头发 [24] 长 [25] 长的，穿 [26] 一条
牛仔裤 [27]。

老 师：哦，你要找王欢老师，她刚 [28] 出去 [29]。

杰 克：她大概什么时候回来？

老 师：不知道。你过 [30] 一会儿 [31] 再 [32] 来看看吧。

傑　克：請問，可以進來[16]嗎？

老　師：你找[17]誰？

傑　克：我找王老師。

老　師：哪位王老師？我們這兒有兩位王老師。

傑　克：我不知道她叫什麼名字。她是女的。

老　師：這兒的老師都是女的。

傑　克：她戴[18]一副[19]眼鏡[20]。

老　師：在我們這兒，每[21]位老師都戴眼鏡。

傑　克：她瘦[22]瘦的，高[23]高的，頭髮[24]長[25]長的，穿[26]一條
　　　　牛仔褲[27]。

老　師：哦，你要找王歡老師，她剛[28]出去[29]。

傑　克：她大概什麼時候回來？

老　師：不知道。你過[30]一會兒[31]再[32]來看看吧。

Jiékè: Qǐng wèn, kěyǐ jìnlai ma?

Lǎoshī: Nǐ zhǎo shuí?

Jiékè: Wǒ zhǎo Wáng lǎoshī.

Lǎoshī: Nǎ wèi Wáng lǎoshī? Wǒmen zhèr yǒu liǎng wèi Wáng

            lǎoshī.

Jiékè: Wǒ bù zhīdao tā jiào shénme míngzi. Tā shì nǚ de.

Lǎoshī: Zhèr de lǎoshī dōu shì nǚ de.

Jiékè: Tā dài yí fù yǎnjìng.

Lǎoshī: Zài wǒmen zhèr, měi wèi lǎoshī dōu dài yǎnjìng.

Jiékè: Tā shòushòu de, gāogāo de, tóufa chángcháng de, chuān

            yì tiáo niúzǎi kù.

Lǎoshī: Ò, nǐ yào zhǎo Wáng Huān lǎoshī. Tā gāng chūqu.

Jiékè: Tā dàgài shénme shíhou huílai?

Lǎoshī: Bù zhīdao. Nǐ guò yíhuìr zài lái kànkan ba.

Jack:　　　　Excuse me. May I come in?

Teacher:　　Who do you want to see?

Jack:　　　　I want to see teacher Wang.

Teacher:　　Which one? There are two teachers having the surname Wang here.

Jack:　　　　I don't know her name. She is a female.

Teacher:　　All the teachers here are females.

Jack:　　　　She wears glasses.

Teacher:　　All the teachers here wear glasses.

Jack:　　　　She is thin and tall with long hair and wears a pair of jeans.

Teacher:　　Oh. You mean Wang Huan. She has just gone out.

Jack:　　　　When will she be back?

Teacher:　　I don't know. Please come back again in a little while.

Notes:

（一）"我们这儿有两位王老师"

"这儿"or "那儿" can follow some nouns or pronouns to indicate location. e.g.

我的词典在老师那儿。

Wǒ de cídiǎn zài lǎoshī nàr.

My dictionary is at the teacher's place.(literally, there where the teacher is.)

我们明天去他那儿。

Wǒmen míngtiān qù tā nàr.

We'll go to his place tomorrow.

（二）"这儿的老师都是女的"

Here"这儿"modifies the noun"老师"。e.g.

这儿的书比较贵，那儿的书比较便宜。

Zhèr de shū bǐjiào guì, nàr de shū bǐjiào piányi.

语 法 Yǔfǎ Grammar

Expressions of Time

Year, Month and Day

年 nián year

　　　1949 年　一九四九年　yī jiǔ sì jiǔ nián

　　　2008 年　二〇〇八年　èr líng líng bā nián

月 yuè month

一月 yī yuè	二月 èr yuè	三月 sān yuè
四月 sì yuè	五月 wǔ yuè	六月 liù yuè
七月 qī yuè	八月 bā yuè	九月 jiǔ yuè
十月 shí yuè	十一月 shíyī yuè	十二月 shí'èr yuè

号 hào / 日 rì　day

　　一号 yī hào　　　　二号 èr hào　　　三号 sān hào ……

　　三十号 sānshí hào　三十一号 sānshíyī hào

In written style 日 rì is used instead of 号 hào .

Word Order in Dates.

e.g.

2005 年 4 月 30 日/号

二 ○ ○ 五 年 四 月 三 十 日 / 号

èr líng líng wǔ nián sì yuè sānshí rì / hào

二 ○ ○ 二 年 十 月 三 十 日 上午 九 点 四十分

èr líng líng èr nián shí yuè sānshí rì shàngwǔ jiǔ diǎn sìshí fēn

DirectionVerbs

Direction verbs in Chinese include two groups ——monosyllabic direction verbs and disyllabic direction verbs, as follows:

	进 jìn	出 chū	上 shàng	下 xià	过 guò	回 huí
来 lái	进来 jìnlai	出来 chūlai	上来 shànglai	下来 xiàlai	过来 guòlai	回来 huílai
去 qù	进去 jìnqu	出去 chūqu	上去 shàngqu	下去 xiàqu	过去 guòqu	回去 huíqu

1 进来吧！

2 进去吧！

3 出来吧！

4 出去吧！

5 上来吧！

6 上去吧！

7　下来吧！

8　下去吧！

9　过来吧！

10　过去吧！

e.g.

请进！Qǐng jìn!

进来吧。Jìnlai ba.

你什么时候回来？Nǐ shénme shíhou huílai?

Note: An object denoting location can't follow a disyllabic direction verb. It should be inserted between the two syllables of the verb. e.g.

我今天晚上不回学校去。Wǒ jīntiān wǎnshang bù huí xuéxiào qù.

我们上山去吧。 Wǒmen shàng shān qù ba.

The Reduplication of Adjectives

Some adjectives can be reduplicated. The reduplicated form of monosyllabic adjectives is AA as in 大大 dàdà, 红红 hónghóng; the reduplicated form of disyllabic adjectives is AABB in which the second syllable is pronounced lightly as in 漂漂亮亮 piàopiaoliàngliàng, 高高兴兴 gāogaoxìngxìng. In this case, reduplication is used to intensify the adjective and suggest description.

The reduplicated form of adjectives is usually followed by 的 de when they function as predicates or attributives. e.g.

她瘦瘦的，高高的，头发长长的。

Tā shòushòu de, gāogāo de, tóufa chángcháng de.

他们都高高兴兴的，你为什么不高兴？

Tāmen dōu gāogaoxìngxìng de, nǐ wèi shénme bù gāoxìng?

Words for Reference

1.	放心	(Adj.)	fàngxīn	put one's mind at ease, feel relieved
2.	明年	(T.W.)	míngnián	next year
3.	去年	(T.W.)	qùnián	last year
4.	后年	(T.W.)	hòunián	the year after next
5.	前年	(T.W.)	qiánnián	the year before last
6.	上旬	(T.W.)	shàngxún	(during) the first ten days of a month
7.	不要	(Op.V.)	bú yào	don't (ask sb. not to do sth.)
8.	不用	(Op.V.)	búyòng	needn't
9.	胖	(Adj.)	pàng	fat
10.	矮	(Adj.)	ǎi	short (in height)
11.	短	(Adj.)	duǎn	short (in length)
12.	眼睛	(N.)	yǎnjing	eye

Cultural Notes

There are two kinds of Chinese calendars: the official calendar, also known as the solar calendar (identical with the Gregorian calendar first used in Western countries) and the lunar calendar (also known as the agrarian calendar.) The lunar calendar is based on the traditional Chinese calendric system which is calculated according to the moon's revolution around the earth in approximately 29.5 days. In the lunar system, a "greater month" consists of 30 days and a "smaller month" consists of 29 days. There are 12 lunar months in an ordinary lunar year, but since there are only 354-355 days a year in this system, sometimes extra "intercalary" months are added to make up for the lost time and keep the calendar in step with the seasons. According to tradition, the lunar calendar was created during the Xia Dynasty (21st Century B.C. - 16th Century B.C.), so it is also known as the Xia calendar today.

The principal traditional Chinese festivals are:

The **Spring Festival**, 春节 Chūn Jié: known in the West as Chinese New Year.

The **Lantern Festival**, 元宵节 Yuánxiāo Jié: the fifteenth day of the first lunar month.

The **Grave-Visiting Day**, 清明节 Qīngmíng Jié: one of the twenty-four solar periods; around the fifth of the fourth solar month.

The **Dragon Boat Festival**, 端午节 Duānwǔ Jié: the fifth day of the fifth lunar month.

Mid-Autumn Festival, 中秋节 Zhōngqiū Jié: the fifteenth day of the eighth lunar month.

The Double-Ninth Festival, 重阳节 Chóngyáng Jié: the ninth day of the ninth lunar month.

The dates of official holidays in China are calculated according to the solar Gregorian calendar:

New Year's Day, 元旦 Yuándàn: January 1st.

Women's Day, 妇女节 Fùnǚ Jié: March 8th.

Labour Day, 劳动节 Láodòng Jié: May 1st.

Youth Day, 青年节 Qīngnián Jié: May 4th.

Children's Day, 儿童节 Értóng Jié: June 1st.

National Day, 国庆节 Guóqìng Jié: October 1st.

Some official holidays celebrated in Canada and the United States

New Year's Day, Xīnnián

Easter, Fùhuó Jié

Memorial Day, Zhènwáng jiàngshì jìniànrì

Canada Day, Jiānádà Guóqìngrì

Independence Day, Měiguó Dúlì Jìniànrì

Thanksgiving, Gǎn'ēn Jié

Christmas, Shèngdàn Jié

China now has a nine-year compulsory education system; that is, every child is expected to complete at least three years of junior high school education after six years of elementary school xiǎoxúe. After graduating from junior high school, students generally go on to senior high school or a professional school. The six-year high school zhōngxúe system consists of three years of junior high chūzhōng, and three years of senior high gāozhōng. After graduating from high school and passing the higher education entrance examination gāokǎo, some students will be able to attend university. An undergraduate degree program generally takes four years to complete. After graduation, most people start to work, but some go on to become graduate students yánjiūshēng. Those who qualify for graduate school normally study three more years. After they successfully defend their theses, they are awarded a master's degree shuòshì. There are also some who study another three years or more to gain a Ph.D. degree bóshì.

Aside from a small number of students whose homes are close to the university campus, making it convenient for them to live at home, most Chinese university students live in dormitories or student apartments, and they eat in the university's cafeterias shítáng. Foreign students generally stay in the university's foreign student residences, but they can also rent rooms off campus. Some foreign students study together with Chinese students in different departments, but many study Chinese in a special department, which may be called the "International Cultural Exchange School", "Institute for Overseas Education" or "Centre for Chinese Teaching".

Chinese universities use a credit system. There are two semesters in each school year. The first semester runs from the first part of September to just before the Spring

Festival (generally January of the next year). The second semester starts after the Spring Festival (generally in February) and ends in the first part of July. Each class is 45 to 50 minutes long, with a 10-minute break between classes.

Dì-bā Kè　Fùjìn　Yǒu Méiyǒu　Yínháng

第八课　附 近 有 没 有 银 行

Lesson Eight　Is There a Bank Nearby

Fùjìn　yǒu méiyǒu yínháng
● 附近 有 没 有　银行?
Is there a bank nearby?

Yóujú jiù zài nà gè yínháng de pángbiān
● 邮局 就 在 那 个 银行　的　旁边。
The post office is just beside the bank.

Dìtiě zhàn　lí　qìchē zhàn　yuǎn bu yuǎn
● 地铁 站　离　汽车 站　远 不 远?
Is the subway station far away from the bus stop?

Néng bu néng　qí　zìxíngchē qù
● 能 不 能　骑　自行车 去?
Can I go there by bike?

1. 附近	(L.W.)	fùjìn	nearby		
2. 银行	(N.)	yínháng	bank		銀行
3. 行人	(N.)	xíngrén	pedestrian		
4. 离	(Prep.)	lí	away from		離
5. 远	(Adj.)	yuǎn	far		遠
6. 怎么	(Adv.)	zěnme	how		怎麼
7. 走	(V.)	zǒu	go, walk, leave		
8. 往	(Prep.)	wǎng	toward		
9. 前面(前边)	(L.W.)	qiánmian (qiánbian)	front		(前邊)
前		qián	front		
10.右面(右边)	(L.W.)	yòumian (yòubian)	right		右邊
右		yòu	right		
11.拐	(V.)	guǎi	turn		
12.马路	(N.)	mǎlù	road	条	馬路
路		lù	road, route		

13. 就	(Adv.)	jiù	just (for emphasis)	
14. 邮局	(N.)	yóujú	post office	郵局
15. 旁边	(L.W.)	pángbiān	beside	旁邊
16. 不客气		bú kèqi	You're welcome (the response to 谢谢)	
客气	(Adj.)	kèqi	polite, courteous, modest	客氣

*　　*　　*　　*

17. 市中心		shì zhōngxīn	downtown	
18. 告诉	(V.)	gàosu	tell	告訴
19. 地铁	(N.)	dìtiě	subway, metro, underground, tube	地鐵
20. 从	(Prep.)	cóng	from	從
21. 到	(Prep.&V.)	dào	to, until, arrive	
22. 门口	(P.W.)	ménkǒu	gate, doorway	門口
23. 公共汽车		gōnggòng qìchē	bus	公共汽車
汽车	(N.)	qìchē	automobile, motor vehicle	汽車
车	(N.)	chē	vehicle	車

24. 站	(N.)	zhàn	station, stop	
25. 然后	(Conj.)	ránhòu	then	然後
26. 换	(V.)	huàn	change	
27. 下车		xià chē	get off	下車
28. 骑	(V.)	qí	ride	騎
29. 自行车	(N.)	zìxíngchē	bicycle	自行車

Supplementary Words

30. 后面(后边)	(L.W.)	hòumian(hòubian)	behind	後面(後邊)
31. 左面(左边)	(L.W.)	zuǒmian(zuǒbian)	left	左邊
32. 上面(上边)	(L.W.)	shàngmian(shàngbian)	above, on	上邊
33. 下面(下边)	(L.W.)	xiàmian(xiàbian)	below, under	下邊
34. 里面(里边)	(L.W.)	lǐmian(lǐbian)	in, inside	裏邊
35. 外面(外边)	(L.W.)	wàimian(wàibian)	outside	外邊
36. 上车		shàng chē	get on	上車
37. 近	(Adj.)	jìn	near	

(一)

Jiang Shan and his girlfriend are travelling in China. After they have arrived at a city they look for a bank and a post office.

Jiāng Shān

江 山：请问，附近[1]有没有银行[2]?

行 人[3]：有。附近有一个中国银行。

Jiāng Shān

江 山：离[4]这儿远[5]不远?

行 人：不太远。

Jiāng Shān A.along the way

江 山：怎么[6]走[7]?

行 人：往[8]前[9]走一点儿，往右[10]拐[11]，过两条马路[12]，

就[13]是中国银行。

Jiāng　　Shān

江　山：附近有没有邮局[14]？

Expressing location

行　人：有。邮局就在那个银行的旁边[15]。

Jiāng　　Shān

江　山：谢谢您！

行　人：不客气[16]。

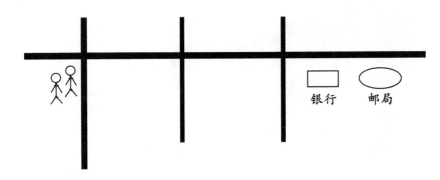

银行　邮局

Jiāng　　　Shān

江　山：請問，附近[1]有没有銀行[2]？

行　人[3]：有。附近有一個中國銀行。

Jiāng　　　Shān

江　山：離[4]這兒遠[5]不遠？

行　人：不太遠。

Jiāng　　　Shān

Asking the way

江　山：怎麼[6]走[7]？

行　人：往[8]前[9]走一點兒，往右[10]拐[11]，過兩條馬路[12]，

　　　　就[13]是中國銀行。

江 山：附近有沒有郵局¹⁴？

Expressing location

行 人：有。郵局就在那個銀行的旁邊¹⁵。

江 山：謝謝您！

行 人：不客氣¹⁶。

Pinyin Text

Jiāng Shān：	Qǐng wèn, fùjìn yǒu méiyǒu yínháng?
Xíngrén：	Yǒu. Fùjìn yǒu yí gè Zhōngguó Yínháng.
Jiāng Shān：	Lí zhèr yuǎn bu yuǎn?
Xíngrén：	Bú tài yuǎn.
Jiāng Shān：	Zěnme zǒu?
Xíngrén：	Wǎng qián zǒu yìdiǎnr, wǎng yòu guǎi, guò liǎng tiáo mǎlù, jiù shì Zhōngguó Yínháng.
Jiāng Shān：	Fùjìn yǒu méiyǒu yóujú?
Xíngrén：	Yǒu. Yóujú jiù zài nà gè yínháng de pángbiān.
Jiāng shān：	Xièxie nín!
Xíngrén：	Bú kèqi.

Jiang Shan: Excuse me. Is there a bank nearby?

Pedestrian: Yes, there is a Bank of China nearby.

Jiang Shan: Is it far away?

Pedestrian: It's not too far away.

Jiang Shan: How can I get there?

Pedestrian: Go ahead, then turn right, and go straight for two blocks. The bank is right there.

Jiang Shan: Is there a post office nearby?

Pedestrian: Yes, there is. The post office is just beside the bank.

Jiang Shan: Thank you very much.

Pedestrian: You are welcome.

(二)

Jiang Shan and Zhang Yuanyuan are talking about how to go downtown from a university campus.

Jiāng Shān
江 山：我们现在怎么去市中心[17]呢？

Zhāng Yuányuan
张园园：有人告诉[18]我，可以坐地铁[19]去。

Asking for information

Jiāng Shān
江 山：你知道怎么走吗？

Zhāng Yuányuan
张园园：不知道。

Jiāng Shān
江 山：我们问一下吧。

（Asking a college student passing by ）

Asking the way

Zhāng Yuányuan
张园园：同学，请问从[20]这儿到[21]市中心怎么走？

Instruction

学 生：你在学校门口[22]坐139路公共汽车[23]，坐五站[24]，然后[25]换[26]地铁，坐两站，从地铁站出来，就是市中心。

Zhāng Yuányuan
张园园：地铁站离汽车站远不远？

学 生：不远。你下车[27]以后往右拐，过马路，就是地铁站。

Jiāng Shān
江 山：能不能骑[28]自行车[29]去？

学 生：不行，太远了。

139

地铁 学校

江　山：我們現在怎麼去市中心[17]呢？

張園園：有人告訴[18]我，可以坐地鐵[19]去。

江　山：你知道怎麼走嗎？
（Asking for information）

張園園：不知道。

江　山：我們問一下吧。

(Asking a college student passing by)

張園園：同學，請問從[20]這兒到[21]市中心怎麼走？
（Asking the way）

學　生：你在學校門口[22]坐139路公共汽車[23]，坐五站[24]，然後[25]
換[26]地鐵，坐兩站，從地鐵站出來，就是市中心。
（Instruction）

張園園：地鐵站離汽車站遠不遠？

學　生：不遠。你下車[27]以後往右拐，過馬路，就是地鐵站。

江　山：能不能騎[28]自行車[29]去？

學　生：不行，太遠了。

Jiāng Shān：   Wǒmen xiànzài zěnme qù shì zhōngxīn ne?

Zhāng Yuányuan：   Yǒu rén gàosu wǒ, kěyǐ zuò dìtiě qù.

Jiāng Shān：   Nǐ zhīdao zěnme zǒu ma?

Zhāng Yuányuan：   Bù zhīdao.

Jiāng Shān：   Wǒmen wèn yíxia ba.

(Asking a college student passing by)

Zhāng Yuányuan：   Tóngxué, qǐng wèn cóng zhèr dào shì zhōngxīn

                  zěnme zǒu?

Xuésheng：   Nǐ zài xuéxiào ménkǒu zuò yāo–sān–jiǔ lù gōnggòng

                  qìchē, zuò wǔ zhàn, ránhòu huàn dìtiě, zuò

                  liǎng zhàn, cóng dìtiě zhàn chūlai, jiù shì shì

                  zhōngxīn.

Zhāng Yuányuan：   Dìtiě zhàn lí qìchē zhàn yuǎn bu yuǎn?

Xuésheng：   Bù yuǎn. Nǐ xià chē yǐhòu wǎng yòu guǎi, guò

                  mǎlù, jiù shì dìtiě zhàn.

Jiāng Shān：   Néng bu néng qí zìxíngchē qù?

Xuèsheng：   Bù xíng, tài yuǎn le!

Jiang Shan：   Now, how can we get downtown?

Zhang Yuanyuan：Someone told me that we can get there by subway.

Jiang Shan：   Do you know how to get there?

Zhang Yuanyuan：No, I don't.

Jiang Shan：   Let's ask for directions.

(Asking a college student passing by.)

Zhang Yuanyuan：Excuse me. How can we get downtown?

Student：   You can take the No.139 bus and get off at the fifth

                     stop, then change to the subway and get off at the

                     second stop. It is right there.

Zhang Yuanyuan：Is the subway station far away from the bus stop?

Student：   No, it isn't far. When you get off the bus, you turn

                     right and cross the street and the subway station is

                     right there.

Jiang Shan：   Can we get there by bike?

Student：   No, you can't. It is too far.

Location Words and Place Expressions

The Chinese location word are as follows:

前	后	左	右	上	下	里	外
qián	hòu	zuǒ	yòu	shàng	xià	lǐ	wài

前面	后面	左面	右面	上面	下面	里面	外面
qiánmian	hòumian	zuǒmian	yòumian	shàngmian	xiàmian	lǐmian	wàimian

前边	后边	左边	右边	上边	下边	里边	外边
qiánbian	hòubian	zuǒbian	yòubian	shàngbian	xiàbian	lǐbian	wàibian

······

And：

附近　　旁边 ······

fùjìn　　pángbiān ······

A disyllabic location word or a noun / pronoun followed by a location word indicates a specific place.

(P./N.+)L.W.

e.g.

前面	qiánmian
我（的）前面	wǒ (de) qiánmian
银行（的）前面	yínháng (de) qiánmian

旁边	pángbian
我(的)旁边	wǒ (de) pángbian
银行(的)旁边	yínháng (de) pángbiān

When preceded by a noun, "面 / 边" is often omitted if the location words are "上面 / 上边" or "里面 / 里边". e.g.

家里　学校里　商店里

书上　天上　路上　汽车上

"在 zài" sentences and "有 yǒu"sentences

"在 zài" sentences and "有 yǒu"sentences denoting location or existence.

Specific noun + "在" + a place

Somebody or something is in / on / at …

e.g.

我在英国。　　Wǒ zài Yīngguó.

那个邮局在银行旁边。　Nà gè yóujú zài yínháng pángbiān.

江山的词典在桌子上。　Jiān Shān de cídiǎn zài zhuōzi (desk) shang.

A place + "有" + non-specific noun

There is something or somebody in/at/on…

e.g.

我家有五口人。　　Wǒ jiā yǒu wǔ kǒu rén.

附近有一个中国银行。　Fùjìn yǒu yí gè Zhōngguó Yínháng.

银行里有很多人。　　Yínháng li yǒu hěn duō rén.

Words for Reference

1. 东面(东边) (L.W.) dōngmian east 東面(東邊)

2. 南面(南边) (L.W.) nánmian south 南邊

3. 西面(西边) (L.W.) xīmian west 西邊

4. 北面(北边) (L.W.) běimian north 北邊

5. 对面 (L.W.) duìmiàn opposite 對面

6. 中间 (L.W.) zhōngjiān centre, middle 中間

7. 火车 (N.) huǒchē train 火車

8. 飞机 (N.) fēijī plane 飛機

9. 出租汽车 chūzū qìchē taxi 辆 出租汽車

10. 船 (N.) chuán ship

11. 开(车) (V.) kāi drive 開(車)

12. 辆 (M.W.) liàng a measure word for vehicles 辆

Cultural Notes

In China, the first choice of most people for long distance travel is the train huǒchē. Naturally, many people also choose airplanes fēijī or long distance buses chángtú qìchē. The most common modes of transportation in large cities are public buses gōnggòng qìchē and the subway dìtiě. However, if they are not travelling very far, many people would rather ride their bicycles zìxíngchē because they are both convenient and fast. Private cars are becoming more common in large cities.

Taking taxis chūzū qìchē in China is very convenient. There are empty taxis to be found most of the time, and they can be easily hailed. Furthermove, there are almost always taxis parked in front of hotels to serve customers at all hours of the day.

Xióngmāo

熊　猫

Panda

词语 CíyǓ　Words and Phrases

1. 熊猫	(N.)	xióngmāo	panda		
2. 它	(Pron.)	tā	it		
3. 耳朵	(N.)	ěrduo	ear		
4. 眼睛	(N.)	yǎnjing	eye		
5. 尾巴	(N.)	wěiba	tail		
6. 短	(N.)	duǎn	short		
7. 身体	(N.)	shēntǐ	body		身體
8. 胖	(Adj.)	pàng	fat, plump		
9. 天	(M.W.&N.)	tiān	day, sky		
10. 爬	(V.)	pá	climb		

11. 睡懒觉		shuì lǎn jiào	get up late/	睡懶覺
睡觉		shuì jiào	sleep	睡覺
懒	(Adj.)	lǎn	lazy	懶
12. 开夜车		kāiyèchē	work late (lit. "drive the night car")	開夜車
开	(V.)	kāi	drive	開
夜	(N.)	yè	night	
13. 竹子	(N.)	zhúzi	bamboo	
14. 顿	(M.W.)	dùn	a measure word for meals	頓
15. 汉堡包	(N.)	hànbǎobāo	hamburger	漢堡包
16. 生活	(N.&V.)	shēnghuó	life, live	
17. 省	(N.)	shěng	province	

白小红：你知道熊猫[1]吗？

马　力：当然知道。

白小红：熊猫很可爱。

马　力：熊猫是我们的好朋友。

白小红：它[2]耳朵[3]小小的。

马　力：眼睛[4]大大的。

白小红：尾巴[5]短[6]短的。

马　力：身体[7]胖[8]胖的。

白小红：每天[9]走来走去，爬[10]上爬下。

马　力：白天睡懒觉[11]，晚上开夜车[12]。

白小红：它喜欢吃竹子[13]。

马　力：他一顿[14]能吃三个汉堡包[15]。

白小红：它生活[16]在中国四川省[17]。

马　力：他每天跟我们在一起。

白小红：你说的是中国的大熊猫？

马　力：不，我说的是我们的一位同学，我们都叫他"熊猫"。

Bái Xiǎohóng

白小紅：你知道熊猫[1]嗎？

Mǎ　Lì

馬　力：當然知道。

Bái Xiǎohóng

白小紅：熊猫很可愛。

Mǎ　Lì

馬　力：熊猫是我們的好朋友。

Bái Xiǎohóng

白小紅：它[2]耳朵[3]小小的。

Mǎ　Lì

馬　力：眼睛[4]大大的。

Bái Xiǎohóng

白小紅：尾巴[5]短[6]短的。

Mǎ　Lì

馬　力：身體[7]胖[8]胖的。

Bái Xiǎohóng

白小紅：每天[9]走來走去，爬[10]上爬下。

Mǎ　Lì

馬　力：白天睡懶覺[11]，晚上開夜車[12]。

Bái Xiǎohóng

白小紅：它喜歡吃竹子[13]。

Mǎ　Lì

馬　力：他一頓[14]能吃三個漢堡包[15]。

Bái Xiǎohóng

白小紅：它生活[16]在中國四川省[17]。

Mǎ　Lì

馬　力：他每天跟我們在一起。

Bái Xiǎohóng

白小紅：你說的是中國的大熊猫？

Mǎ　Lì

馬　力：不，我說的是我們的一位同學，我們都叫他"熊猫"。

Bái Xiǎohóng： Nǐ zhīdao xióngmāo ma?

Mǎ Lì： Dāngrán zhīdao.

Bái Xiǎohóng： Xióngmāo hěn kě'ài.

Mǎ Lì： Xióngmāo shì wǒmen de hǎo péngyou.

Bái Xiǎohóng： Tā ěrduo xiǎoxiǎo de.

Mǎ Lì： Yǎnjing dàdà de.

Bái Xiǎohóng： Wěiba duǎnduǎn de.

Mǎ Lì： Shēntǐ pàngpàng de.

Bái Xiǎohóng： Měi tiān zǒu lái zǒu qù, pá shàng pá xià.

Mǎ Lì： Báitiān shuì lǎn jiào, wǎnshang kāi yèchē.

Bái Xiǎohóng： Tā xǐhuān chī zhúzi.

Mǎ Lì： Tā yí dùn néng chī sān gè hànbǎobāo.

Bái Xiǎohóng： Tā shēnghuó zài Zhōngguó Sìchuān shěng.

Mǎ Lì： Tā měitiān gēn wǒmen zài yìqǐ.

Bái Xiǎohóng： Nǐ shuō de shì Zhōngguó de dà xióngmāo?

Mǎ Lì： Bù, wǒ shuō de shì wǒmen de yí wèi tóngxué,

wǒmen dōu jiào tā xióngmāo.

English Translation

Bai Xiaohong: Do you know about panda?

Ma Li: Yes, of course.

Bai Xiaohong: Pandas are very cute.

Ma Li: Pandas are our good friends.

Bai Xiaohong: They have small ears.

Ma Li: And big eyes.

Bai Xiaohong: Their tails are short.

Ma Li: Their bodies are fat.

Bai Xiaohong: Everyday they walk around and climb up and down.

Ma Li: He sleeps a lot during the day and works late in the evening.

Bai Xiaohong: They like to eat bamboo.

Ma Li: He eats three hamburgers a meal.

Bai Xiaohong: They live in Sichuan Province.

Ma Li: He is with us everyday.

Bai Xiaohong: Are you talking about the Chinese panda?

Ma Li: No, I am talking about one of our classmates. We call him "Panda".

Two Chinese Folk Songs

Mài Tāngyuán

卖　汤　圆

Selling Dumplings

三毛钱(呀)卖一碗，汤圆汤圆 卖 汤 圆,公平交易可以

保退换,(哎 嘿 哎 嘿) 汤圆 汤圆 卖 汤 圆,

卖汤圆,卖汤圆,小二哥的汤圆是圆又圆,要吃汤圆快来买,

吃了汤圆好团圆，汤圆汤圆卖汤圆,慢来一步只怕要卖完,

(哎 嘿 哎 嘿) 汤圆 汤圆 卖 汤 圆,慢来一步只怕要卖完,

完。　　　卖汤 圆,

卖汤　　　圆。

卖汤圆，卖汤圆，小二哥的汤圆（是）圆又圆。

一碗汤圆满又满，三毛钱（呀）卖一碗，

汤圆 汤圆 卖 汤圆，卖 汤圆，卖 汤圆，

小二哥的汤圆（是）圆又圆。一碗汤圆满又满，

三 毛 钱（呀）卖 一 碗，汤圆 汤圆 卖 汤圆，

公平交易可以保退换，（哎嘿哎哟），汤圆 汤圆 卖

汤圆，卖汤圆，卖汤圆，小二哥的汤圆（是）圆又圆。

要 吃 汤圆 快 来 买，吃 了 汤圆 好 团圆，

汤圆 汤圆 卖 汤圆，慢来一步只怕要卖完，

（哎嘿哎哟），汤圆 汤圆 卖 汤圆，慢来一步只怕

要 卖 完，汤圆 汤圆 卖 汤圆。

1. Selling Dumplings

Dumplings for sale! Dumplings for sale!

Xiao'erge's dumplings are really round. A bowl of dumplings is full to the brim. Three mao for a bowl. It is a fair deal. If you are not satisfied with the dumplings, you can take them back and exchange them. If you want to eat dumplings, you'd better be quick to buy them. After eating dumplings, you will be reunited with your family. If you are one step too slow, I'm afraid they will sell out.

Notes:

汤圆 tāngyuán: These sweet dumplings are made from glutinous rice flour and are also called 元宵 yuánxiāo. Traditionally they are eaten during the Lantern Festival (the night of the 15th of the first lunar month). Nowadays they are available every season.

小二哥: In traditional society common labourers called their young male helpers or vendors 小二哥 or 店小二.

团圆 tuányuán (reunion): Because 汤圆 tāngyuán and 团圆 tuányuán sound similar, eating dumplings makes people think of reunion. The ancient Chinese people were good at this kind of association, particularly in the field of eating. For example, when celebrating their birthdays, people should eat noodles because noodles are long and make us think of longevity; on the Mid-Autumn Festival people eat moon cakes. The round shape of the moon cake and the moon make people think of reunion with family or friends. When they get married, people eat candies which make them think of the sweetness of life.

Kāngdìng Qínggē

康定情歌

Kangding Love Song

跑马(溜溜的)	山 上	一朵(溜溜的)云(哟)!
李家(溜溜的)	大 姐	人才(溜溜的)好(哟)!
一来(溜溜的)	看 上	人才(溜溜的)好(哟)!
世间(溜溜的)	女 子	任我(溜溜的)爱(哟)!

端端(溜溜的)	照 在	康 定(溜溜的)城(哟)!
张家(溜溜的)	大 哥	看上(溜溜的)她(哟)!
二来(溜溜的)	看 上	会当(溜溜的)家(哟)!
世间(溜溜的)	男 子	任你(溜溜的)求(哟)!

月亮	弯 弯,	康 定(溜 溜的)城(哟)!
月亮	弯 弯,	看上(溜溜的)她(哟)!
月亮	弯 弯,	会当(溜溜的)家(哟)!
月亮	弯 弯,	任你(溜溜的)求(哟)!

1. 跑马（溜溜的）山上一朵（溜溜的）云（哟）！
   pǎo mǎ liū liū de shān shàng yì duǒ liū liū de yún yo

   端端（溜溜的）照在康定（溜溜的）城（哟）！
   duān duān liū liū de zhào zài Kāngdìng liū liū de chéng yo

   月亮 弯弯，康定（溜溜的）城（哟）！
   yuèliang wān wān Kāngdìng liū liū de chéng yo

2. 李家（溜溜的）大姐人才（溜溜的）好（哟）！ 张家（溜
   Lǐ jiā liū liū de dà jiě rén cái liū liū de hǎo yo Zhāng jiā liū

   溜的）大哥看上（溜溜的）她（哟）！ 月亮 弯弯，看上
   liū de dà gē kàn shang liū liū de tā yo yuèliang wān wān kàn shang

   （溜溜的）她（哟）！
   liū liū de tā yo

3. 一来（溜溜的）看上人才（溜溜的）好（哟）！
   yī lái liū liū de kàn shang rén cái liū liū de hǎo yo

   二来（溜溜的）看上 会当（溜溜的）家（哟）！
   èr lái liū liū de kàn shang huì dāng liū liū de jiā yo

   月亮 弯弯，会当（溜溜的）家（哟）！
   yuèliang wān wān huì dāng liū liū de jiā yo

4. 世间（溜溜的）女子任我（溜溜的）爱（哟）！ 世间（溜溜的）男子任你
   shì jiān liū liū de nǚ zǐ rèn wǒ liū liū de ài yo shì jiān liū liū de nán zǐ rèn nǐ

   （溜溜的）求（哟）！月亮 弯弯，任你（溜溜的）求（哟）！
   liū liū de qiú yo yuèliang wān wān rèn nǐ liū liū de qiú yo

2. The Love Song of Kangding

Over Paoma Hill there is a cloud which illuminates Kangding Town. The girl of the Li family is very pretty. The boy of the Zhang family falls in love with her because she is pretty and good at managing household affairs. (The boy says to the girl) there are so many girls in the world I like who I can choose, and there are so many boys in the world you like who you can choose.

Notes:

康定 Kāngdìng: A small city located to the west of Chengdu (成都) and on the western highlands of Sichuan Province, where many Han and Tibetan Chinese live together. The Sichuan-Tibet Highway passes through this area so that Kangding Town is the gateway to Tibet and a market town for the border regions of Sichuan and Gansu provinces.

跑马山 Pǎomǎ shān or Horserace Hill: A famous tourist site almost 3000 meters above sea level. There is a broad pasture on top of the hill where Tibetans used to hold horse races, hence its name. Kangding Town lies at the foot of the hill.

The number after the word represents the ordinal number of the text.

22.	chī	吃	(V.)	eat			5
23.	chū	出	(DV)	come/ go out			7
24.	chūkǒu	出口	(V.)	export(exit)			2
25.	chūqu	出去	(DV)	go out			7
26.	chuān	穿	(V.)	wear, put on			7
27.	cídiǎn	词典	(N.)	dictionary 本		詞典	4
28.	cóng	从	(Prep.)	from		從	8
29.	cù	醋	(N.)	vinegar			5
30.	dǎ diànhuà	打电话		make a telephone call		打電話	2
31.	dǎ gōng	打工		work casually or part-time			6
32.	dǎ qiú	打球		play basketball/ volleyball/ hockey/...			6
33.	dǎsuàn	打算	(V.&.N.)	plan			6
34.	dà	大	(Adj.)	big			2
35.	dàgài	大概	(Adv.)	maybe, about			3
36.	dàxué	大学	(N.)	university		大學	2
37.	dài	戴	(V.)	wear (a pair of glasses/a tie/a watch.)			7
38.	dānxīn	担心	(V.)	worry		擔心	7
39.	dāngrán	当然	(Adv.)	of course		當然	4
40.	dào	到	(Prep.&.V.)	to, until, arrive			8
41.	de	的	(Part.)				2
42.	děng	等	(V.)	wait			5
43.	dìfang	地方	(N.)	place			3
44.	dìtiě	地铁	(N.)	subway, metro, underground, tube		地鐵	8
45.	dìtú	地图	(N.)	map 张		地圖	4
46.	diǎn(zhong)	点(钟)	(MW)	o'clock		點(鐘)	6

47.	diànhuà	电话	(N.)	telephone	電話	2
48.	diànshì	电视	(N.)	TV	電視	6
49.	diànzǐ	电子	(N.)	electronic	電子	2
50.	diànzǐyóujiàn	电子邮件		e-mail	電子郵件	2
51.	dōngxi	东西	(N.)	thing	東西	5
52.	dōu	都	(Adv.)	both, all		1
53.	duì	对	(Adj.)	correct, yes	對	4
54.	duìbuqǐ	对不起		sorry	對不起	6
55.	duō	多	(Adj.)	many, much		3
56.	duō dà	多大		how old		3
57.	duōshao	多少	(QW)	how many, how much		3
58.	èr	二	(Num.)	two		0
59.	fā	发	(V.)	send	發	2
60.	Fǎyǔ	法语	(N.)	French (language)	法語	1
61.	fàndiàn	饭店	(N.)	restaurant	飯店	5
62.	fàng jià	放假		take a vacation		7
63.	fēicháng	非常	(Adv..)	very, very much		4
64.	fēn	分	(M.W.)	minute, cent		6
65.	fēngōngsī	分公司		branch of a company		3
66.	fù	副	(M.W.)	a measure word for spectacles/gloves/...		7
67.	fùjìn	附近	(L.W.)	nearby		8
68.	gàn	干	(V.)	do	幹	4
69.	gāng	刚	(Adv.)	only a short time ago, just	剛	7
70.	gāo	高	(Adj.)	tall, high		7
71.	gàosu	告诉	(V.)	tell	告訴	8

72.	gāoxìng	高兴	(Adj.)	glad	高興	2
73.	gè	个	(MW)	a general measure word	個	3
74.	gěi	给	(Prep.)	to, for	給	2
75.	gěi	给	(V.)	give	給	4
76.	gěi... dǎ diànhuà	给……打电话		to telephone sb.		2
77.	gēn	跟	(Prep.)	with		6
78.	gēn ... yìqǐ	跟…一起		together with...		6
79.	gōnggòng qìchē	公共汽车		bus	公共汽車	8
80.	gōngkè	功课	(N.)	schoolwork, homework	功課	6
81.	gōngsī	公司	(N.)	company		2
82.	gōngzuò	工作	(V.&.N.)	work, job		2
83.	guǎi	拐	(V.)	turn		8
84.	guì	贵	(Adj.)	expensive	貴	5
85.	guì xìng	贵姓		what's (your) surname?	貴姓	1
86.	guó	国		country	國	1
87.	guò	过	(V.)	cross, pass, past	過	7
88.	hái	还	(Adv.)	as well, in addition	還	5
89.	háishi	还是	(Conj.)	or	還是	1
90.	háizi	孩子	(N.)	child		3
91.	Hàn-Yīng cídiǎn	汉英词典		Chinese-English dictionary	漢英詞典	4
92.	Hànyǔ	汉语	(N.)	Chinese (language)	漢語	1
93.	hǎo	好	(Adj.)	good, well, fine		1
94.	hǎochī	好吃	(Adj.)	delicious		5
95.	hào (rì)	号(日)	(M.W.)	date	號	7
96.	hàomǎ	号码	(N.)	number	號碼	2

97.	hē	喝	(V.)	drink		2
98.	hé	和	(Conj.)	and		3
99.	Hěn	很	(Adv.)	very		2
100.	hóng	红	(Adj.)	red	紅	5
101.	hóngshāo	红烧		cook in soysause	紅燒	5
102.	hòumian (hòubian)	后面 (后边)	(LW)	behind	後面 (後邊)	8
103.	huàn	换	(V.)	change		8
104.	huí	回	(DV)	be back (to a place)		7
105.	húilai	回来	(DV)	come back	回來	7
106.	huì	会	(Op.V.)	can, have the skill (to do sth.)	會	5
107.	huòzhě	或者	(Conj.)	or		7
108.	jǐ	几	(Q.W.)	how many	幾	3
109.	jiā	家	(N.&M.W.)	family, home		3
110.	jiā li	家里	(PW.)	at home	家裏	6
111.	jiàn	件	(M.W.)	a measure word for clothes		5
112.	jiàn miàn	见面		meet (each other)	見面	6
113.	jiào	叫	(V.)	call		1
114.	jiàoshì	教室	(N.)	classroom		4
115.	jiē	接	(V.)	go to meet/welcome sb. and take him to some place		6
116.	jìn	进	(D.V.)	enter	進	2
117.	jìn	近	(Adj.)	near		8
118.	Jìnkǒu	进口	(V.)	import	進口	2
119.	jìnlai	进来	(D.V.)	come in	進來	7
120.	jīnnián	今年	(T.W.)	this year		7

121.	jīntiān	今天	(TW)	today		6
122.	jiǔ	九	(Num.)	nine		0
123.	jiù	就	(Adv.)	just（for emphasis）		8
124.	kāfēi	咖啡	(N.)	coffee		6
125.	kàn	看	(V.)	look		4
126.	kě'ài	可爱	(Adj.)	lovely, cute	可愛	3
127.	kěshì	可是	(Conj.)	but		7
128.	kěyǐ	可以	(Op.V.)	may, can		2
129.	kè	刻	(M.W.)	quarter (of an hour)		6
130.	kèqi	客气	(Adj.)	polite, courteous, modest	客氣	8
131.	kòngr	空儿	(N.)	free time, spare time		6
132.	kǒu	口	(M.W.)	a measure work, forpeople (when takling about family)		3
133.	kuài(yuán)	块（元）	(M.W.)	unit of Renminbi	塊	5
134.	kùzi	裤子	(N.)	trousers, pants	条	褲子 5
135.	là	辣	(Adj.)	peppery, hot		5
136.	lái	来	(V.)	come	來	5
137.	lǎobǎn	老板	(N.)	boss	老闆	3
138.	lǎoshī	老师	(N.)	teacher	老師	1
139.	lí	离	(Prep.)	way from	離	8
140.	lǐ	里	(L.W.)	in, inside	裏	6
141.	liǎng	两	(Num.)	two	兩	3
142.	lǐmian	里面	(L.W.)	in, inside		
	(lǐbian)	（里边）			（裏邊）	8
143.	líng	○（零）	(Num.)	zero		2
144.	liù	六	(Num.)	six		0

145. lóng	龙	(N.)	dragon		龍	4
146. lù	路	(N.)	road, route			8
147. lǚxíng	旅行	(V.)	travel			7
148. ma	吗	(Part.)			嗎	1
149. mǎi	买	(V.)	buy		買	5
150. mǎidōngxi	买东西		(go)shopping		買東西	5
151. mài	卖	(V.)	sell		賣	5
152. mǎlù	马路	(N.)	road	条	馬路	8
153. māma	妈妈	(N.)	mother		媽媽	3
154. máng	忙	(Adj.)	busy			6
155. měi	每	(Pron.)	every			7
156. méiguānxi	没关系		it doesn't matter, it's OK		沒關系	6
157. méiyǒu	没有	(V.)	not have			3
158. men	们	(suffix)			們	1
159. ménkǒu	门口	(P.W.)	gate, doorway		門口	8
160. mǐfàn	米饭	(N.)	cooked rice		米飯	5
161. míngtiān	明天	(T.W.)	tomorrow			6
162. míngzi	名字	(N.)	name			1
163. nǎ	哪	(Q.W.)	which			1
164. nǎguó rén	哪国人		what nationality		哪國人	1
165. nà	那	(Pron.)	that			2
166. nà	那	(Conj.)	Well, then...			5
167. nán	男	(Adj.)	male			2
168. nánháir	男孩儿		boy		男孩兒	3
169. nǎr (nǎli)	哪儿(哪里)	(Q.W.)	where		哪兒	2

170.	nàr(nàli)	那儿(那里)	(Pron.)	there		那兒(那裏)	3
171.	ne	呢	(Part.)				1
172.	néng	能	(Op.V.)	can			4
173.	nǐ	你	(Pron.)	you			1
174.	nín	您	(Pron.)	you(honorific form)			1
175.	niú	牛	(N.)	cattle, ox, cow			5
176.	niúròu	牛肉	(N.)	beef			5
177.	niúzǎi kù	牛仔裤		jeans	条	牛仔褲	7
178.	nǔ	女	(Adj.)	female			2
179.	nǔháir	女孩儿		girl		女孩兒	3
180.	pángbiān	旁边	(LW)	beside		旁邊	8
181.	péngyou	朋友	(N.)	friend			2
182.	piányi	便宜	(Adj.)	cheap			5
183.	piàoliang	漂亮	(Adj.)	beautiful			2
184.	qī	七	(Num.)	seven			0
185.	qí	骑	(V.)	ride		騎	8
186.	qìchē	汽车	(N.)	automobile, motor vehicle		汽車	8
187.	qiān	千	(Num.)	thousand			3
188.	qián	钱	(N.)	money		錢	5
189.	qián	前	(L.W.)	front			8
190.	qiánmian(qiánbian)	前面(前边)	(L.W.)	front		前邊	8
191.	qǐng	请	(V.)	please, request, ask		請	2
192.	qǐng wèn	请问		Excuse me (used to begin a question)		請問	4
193.	qiú	球	(N.)	ball			6
194.	qù	去	(V.)	go			3

195. ránhòu	然后	(Conj.)	then		然後	8
196. ràng	让	(V.)	let		讓	3
197. rén	人	(N.)	people, person			1
198. rènshi	认识	(V.)	know		認識	2
199. ròu	肉	(N.)	meat			5
200. sān	三	(Num.)	three			0
201. shān	山	(N.)	mountain, hill			4
202. shāngdiàn	商店	(N.)	shop			5
203. shàng	上	(L.W.&D.V.)	above, over, up, go / come up			7
204. shàng chē	上车		get on		上車	8
205. shàng kè	上课		attend class		上課	4
206. shàngmian (shàngbian)	上面 (上边)	(L.W.)	above, on		上邊	8
207. shàngwǔ	上午	(T.W.)	morning			6
208. shǎo	少	(Adj.)	few, little			3
209. shénme	什么	(Q.W.)	what		什麼	1
210. shénmeshíhou	什么时候		what time, when		什麼時候	6
211. shí	十	(Num.)	ten			0
212. shíhou	时候	(N.)	time		時候	6
213. shì	试	(V.)	try		試	5
214. shì	是	(V.)	be			1
215. shìzhōngxīn	市中心		downtown			8
216. shìde	是的		yes			4
217. shìr	事儿	(N.)	matter, affair, thing, business	件	事兒	6
218. shòu	瘦	(Adj.)	thin, emaciated, lean			7

219. shū	书	(N.)	book	本		書	4
220. shuí	谁	(Q.W.)	who			誰	4
221. shuǐjiǎo	水饺	(N.)	dumpling, or Chinese ravioli		水餃		5
222. shuō	说	(V.)	say, speak			説	1
223. sì	四	(Num.)	four				0
224. suān	酸	(Adj.)	sour				5
225. suānlàtāng	酸辣汤		hot-and-sour soup		酸辣湯		5
226. suì	岁	(M.W.)	year(s) old			歲	3
227. tā	她	(Pron.)	she, her				1
228. tā	他	(Pron.)	he, him				1
229. tài	太	(Adv.)	excessively, too				5
230. tài … le	太…了!		excessively, too ,very				5
231. tàitai	太太	(N.)	wife, Mrs., madam				3
232. tāng	汤	(N.)	soup			湯	5
233. táng	糖	(N.)	sugar				5
234. tángcùyú	糖醋鱼		fish in sweet and sour sauce		糖醋魚		5
235. tiáo	条	(M.W.)	a measure word for trousers/ roads/ rivers / fish /...		條		5
236. tóngxué	同学	(N.)	classmate			同學	1
237. tóufa	头发	(N.)	hair			頭發	7
238. wàimian	外面	(L.W.)	outside				8
(wàibian)	(外边)					外邊	
239. wánr	玩儿	(V.)	play, do sth. for pleasure			玩兒	4
240. wǎnshang	晚上	(T.W.)	evening				6
241. wàn	万	(Num.)	ten thousand			萬	3
242. wǎng	往	(Prep.)	toward				8

243.	wèi	位	(M.W.)	a measure word for people used to show politeness		6
244.	wèi	为	(Prep.)	for	爲	3
245.	wèishénme	为什么		why	爲什麼	3
246.	wèn	问	(V.)	ask	問	4
247.	wǒ	我	(Pron.)	I, me		1
248.	wǔ	五	(Num.)	five		0
249.	xǐhuan	喜欢	(V.)	like	喜歡	2
250.	xì	系	(N.)	department (of a university)		2
251.	xià	下	(L.W.&D.V.)	below, under, down, go / come down		7
252.	xià chē	下车		get off	下車	8
253.	(xiàmian) (xiàbian)	(下面) (下边)	(L.W.)	below, under	下邊	8
254.	xiàwǔ	下午	(T.W.)	afternoon		6
255.	xiàxún	下旬	(T.W.)	(during) the last ten days of a month		
256.	xiānsheng	先生	(N.)	Mr, sir		5
257.	xiànzài	现在	(T.W.)	now	现在	6
258.	xiǎng	想	(V.&Op.V.)	think, want (to do sth.)		3
259.	xiǎo	小	(Adj.)	small, little		2
260.	xiǎojie	小姐	(N.)	Miss		5
261.	xièxie	谢谢	(V.)	thank you	謝謝	2
262.	xīngqī	星期	(N.)	week		6
263.	Xīngqīliù	星期六	(T.W.)	Saturday		6
264.	xíng	行		OK, all right		4
265.	xíngrén	行人	(N.)	pedestrian		8

266.	xìng	姓	(V.&N.)	surname		1
267.	xiūxi	休息	(V.)	rest		6
268.	xuésheng	学生	(N.)	student	學生	3
269.	xuéxí	学习	(V.)	study, learn	學習	2
270.	xuéxiào	学校	(N.)	school, educational institution	學校	3
271.	xuéyuàn	学院	(N.)	college	學院	2
272.	yǎnjìng	眼镜	(N.)	glasses, spectacles 副	眼鏡	7
273.	yào	要	(V.&Op.V.)	want sth., want (to do sth.), be going to do sth.		4
274.	yě	也		also, too		1
275.	yī	一	(Adv.)	one		0
276.	yíhuìr	一会儿	(Num.)	a short while	一會兒	7
277.	yí xia	一下				4
278.	yì diǎnr	一点儿		a little	一點兒	5
279.	yìqǐ	一起	(Adv.)	together		6
280.	yīfu	衣服	(N.)	clothes 件		5
281.	yǐhòu	以后	(T.W.)	after, later	以後	7
282.	yǐqián	以前	(T.W.)	before, ago		7
283.	yìsi	意思	(N.)	meaning		4
284.	yínháng	银行	(N.)	bank	銀行	8
285.	yīnwèi	因为	(Conj.)	because	因爲	3
286.	Yīng–Hàn cídiǎn	英汉词典		English-Chinese dictionary		4
287.	Yīngwén	英文	(N.)	English (language)		4
288.	Yīngyǔ	英语	(N.)	English (language)	英語	1
289.	yòng	用	(V.)	use		4
290.	yóujiàn	邮件	(N.)	mail	郵件	2

291.	yóujú	邮局	(N.)	post office		郵局	8
292.	yǒu	有	(V.)	have, there is/are			3
293.	yǒudiǎnr	有点儿	(Adv.)	a little		有點兒	7
294.	yǒuyìsi	有意思		interesting			4
295.	yǒuyòng	有用	(Adj.)	useful			4
296.	yòu	右	(LW)	right side			8
297.	yòumian	右面	(LW)	right side			8
	(yòubian)	(右边)				(右邊)	
298.	yú	鱼	(N.)	fish	条	魚	5
299.	yuán	元	(MW)	unit of Renminbi			5
300.	yuǎn	远	(Adj.)	far		遠	8
301.	yuēhuì	约会	(N.)	date, appointment, engagement		約會	6
302.	yuè	月	(N.)	month			7
303.	zài	再	(Adv.)	again			7
304.	zài	在	(Prep.&V.)	(be) in, at			2
305.	zàijiàn	再见	(V.)	goodbye		再見	6
306.	zǎoshang	早上	(T.W.)	early morning			6
307.	zěnme	怎么	(Q.W.)	how		怎麼	8
308.	zěnmeyàng	怎么样	(Q.W.)	how		怎麼樣	2
309.	zhàn	站	(N.)	station, stop			8
310.	zhāng	张 (M.W.)		a measure word for paper / maps/ tickets /...		張	4
311.	zhǎo	找	(V.)	look for, want to see			7
312.	zhè	这	(Pron.)	this		這	2
313.	zhēn	真	(Adv.)	really		眞	4
314.	zhèr(zhèli)	这儿(这里)	(Pron.)	here		這兒(這裏)	3

315. zhī	支	(MW)	a measure word for pen			4
316. zhīdao	知道	(V.)	know			4
317. zhǐ	只	(Adv.)	only			1
318. Zhōngwén	中文	(N.)	Chinese langage			4
319. zhōngxún	中旬	(N.)	(during) the middle ten days of a month			7
320. zìxíngchē	自行车	(N.)	bicycle		自行車	8
321. zǒu	走	(V.)	go, walk, leave			8
322. zuì	最	(Adv.)	the most			5
323. zuǒmian	左面	(L.W,)	left side			
(zuǒbian)	(左边)				左邊	8
324. zuò	坐	(V.)	sit			2
325. zuò	做	(V.)	do			6

Acknowledgements

This series of textbooks is the result of a project administered by NOTCFL of the People's Republic of China. While doing research in Canada, the compilers received invaluable encouragement and assistance from Madame Xu Lin, the Education Consul of the Chinese Consulate General in Vancouver.

We would like to express our thanks to all the specialists, scholars and friends who have supported or helped us in our work.

Our thanks go to Dr. Robert S. Chen, University of British Columbia; Dr. Richard King, University of Victoria; Dr. Helen Xiaoyan Wu, University of Toronto; Dr. Kenneth Dean, McGill University; Dr.Yu Hongju, University of Montreal; and Prof. Charles Burton, Brock University. These Canadian scholars provided warm hospitality and offered much help during our research trip.

Thanks are also due to Mr. Bill Renzhong Wang, McGill University; Dr. Daniel Bryant, Dr. Harry Hsin-I Hsiao, Ms. Karen P. Tang, and Dr. Hua Lin, all of them from the University of Victoria; Ms. Billie L. C. Ng, Simon Fraser University; Mr. Ralph Lake, Douglas College; Ms.Ying Tian, Langara College; and Dr. Yanfeng Qu, Kwantlen University. They gave much time and energy to reading the first draft and/or the revised draft and provided us with many valuable insights and suggestions for improvement.

Special thanks also go to Ms. Ying Sun of Camosun College, who during her visit to Fudan University read the drafts of volume one and two and gave valuable suggestions.

We would like to express our special gratitude to Ms.Yvonne Li Walls and Dr. Jan W. Walls of Simon Fraser University, who offered our compilers much hospitality and help in Canada. They aided in the organization of our pedagogical research and practice-teaching sessions, as well as in the collection of advice and suggestions from those who used the materials. They also gave us many constructive suggestions regarding the plan for compiling the textbooks, and for the first draft of the whole series, as well as the revised drafts of volumes 1 and 2.

Prof. Zhao Shuhua, Beijing Language University; Prof. Chen Abao, Fudan University; Prof. Li Xiaoqi, Beijing University; Prof. Li Quan, People's University of China; and Prof. Wu Yongyi, East China Normal University, all carefully examined the revised draft of the entire series, and responded with many valuable suggestions.

Without the help and advice of these learned experts, this series of textbooks would never have been brought to successful completion.

We have referred to many earlier standard Chinese textbooks and to the research of many scholars, which unfortunately cannot be fully acknowledged here. We apologize ahead of time if any names have beeb left out.

If any mistakes or omissions remain in these textbooks, the compilers alone are responsible. We hope that teachers and students will inform us of any shortcomings they may notice, to help us improve future editions.

责任编辑：贾寅淮
封面设计：王 博
插 图：笑 龙
照 片：王 志
印刷监制：佟汉冬

国家汉办网址：www.hanban.edu.cn
联系地址：北京市海淀区学院路15号，北京华图汉语文化服务中心
电 话：82303678 62323491
传 真：82303983

《当代中文》

课 本

1

主编 吴中伟

*

© 华语教学出版社
华语教学出版社出版
（中国北京百万庄大街24号 邮政编码100037）
电话：010-68320585
传真：010-68326333
网址：www.sinolingua.com.cn
电子信箱：hyjx@sinolingua.com.cn
北京外文印刷厂印刷
中国国际图书贸易总公司海外发行
(中国北京车公庄西路35号)
北京邮政信箱第399号 邮政编码100044
新华书店国内发行
2003年(16开)第一版
2010年第七次印刷
(汉英)
ISBN 978-7-80052-880-4
9-CE-3519PA
定价：75.80元